Editora Gente

Robin R. Meyers

# SER SIMPLES.

## O segredo dos prazeres essenciais da vida

*Tradução de Dinah de Abreu Azevedo*

Editora Gente

Editora
*Rosely M. Boschini*

Coordenação Editorial
*Elvira Gago*

Produção
*Tiago Cintra Silva*

Assistente produção
*Isabela Helou Doca*

Projeto Gráfico
*Marcelo Souza Almeida*

Capa
*Washington Leite*

Diagramação
*Eliana Moreira*

Revisão
*Maria Alayde Carvalho*

Impressão e acabamento
*Vida e Consciência*

Título original: *Morning sun on a white piano*

Rua Pedro Soares de Almeida, 114
São Paulo,SP CEP 05029-030
Telefax: (11) 3675-2505
Site: http://www.editoragente.com.br
E-mail: gente@editoragente.com.br

**Dados Internacionais de Catalogação na Publicação (CIP)**
**(Câmara Brasileira do Livro, SP, Brasil)**

Meyers, Robin R., 1952-
Ser simples : o segredo dos prazeres essenciais da vida / Robin R. Meyers ; tradução Dinah de Abreu Azevedo. — São Paulo : Editora Gente, 2003.

Título original: Morning sun on a white piano.

ISBN 85-7312-407-5

1. Espiritualidade 2. Simplicidade - Aspectos religiosos - Cristianismo 3. Vida espiritual - Cristianismo I. Título

03-5279 CDD-248.4

**Índice para catálogo sistemático:**

1. Prazeres simples : Vida cristã 248.4
2. Vida espiritualizada : Cristianismo 248.4

À minha mulher, Shawn –
bela, simplesmente bela.

# AGRADECIMENTOS

À faculdade, professores e equipe administrativa da Universidade Municipal de Oklahoma por me darem alunos para ensinar e liberdade de ensino. Aos queridos membros da Igreja Congregacional Mayflower por terem restaurado minha fé na religião organizada. A minha mãe e meu pai por seu legado de amor e linguagem. A Bill Moyers por sua amizade e incentivo. E a Bruce Tracy, da Doubleday, por acreditar neste livro.

# SUMÁRIO

# INTRODUÇÃO

A premissa deste livro é de que a maioria de nós trabalha freneticamente para assegurar a "boa vida" enquanto desperdiça a única vida que há durante esse processo. Adia-se a vida até o momento em que "ela seja boa" para descobrir que nunca se aprende a viver – para começo de conversa.

Hoje em dia se fala muito em ir mais devagar, em simplificar, em voltar ao contato com a natureza, mas não estou vendo nada disso acontecer. Os poetas cantam a beleza simples do cotidiano, mas, na vida real, as pessoas parecem mover-se cada vez mais rápido, curtindo a vida cada vez menos.

Por estranho que seja, exatamente quando estamos prestes a descobrir uma "teoria unificada da criação", parece que ficamos cada vez mais longe da "teoria unificada da arte de viver". Embora os cientistas estejam descobrindo as inter-relações de tudo na natureza, a questão da vida em si parece irremediavelmente fragmentada: o trabalho significa mais um castigo do que uma vocação (a segunda-feira simboliza o tédio, enquanto a sexta-feira representa a liberação); o lazer é uma forma de diversão que nunca satisfaz realmente; e, enquanto isso, passamos uns pelos outros nos corredores fazendo planos para as "férias perfeitas".

Em resumo, "perdemos tempo" na busca da "vida de verdade" e nunca entendemos realmente que *agora* é a única realidade que temos. A vida passa enquanto esperamos que algo aconteça e, por isso, não é de admirar que, ao chegar lá, pareça não estar acontecendo nada!

Nosso problema, agora como sempre, é que passamos pela vida enquanto a buscamos. Concluímos de antemão quais são os momentos que valem a pena e quais são os "comuns" – e com isso tolhemos exatamente aquele movimento do espírito que tanto procuramos. Como vemos as coisas simples como mundanas, não é de admirar o tédio que sentimos durante a maior parte do tempo. Lembrados constantemente de que as pessoas sofisticadas fazem coisas sofisticadas e as pessoas simples fazem coisas simples, acabamos lamentando nossa simplicidade durante a maior parte do tempo.

Se os ricos e famosos estão levando uma vida decadente em recantos paradisíacos, quem somos nós para sugerir que ver a Lua nascer ou embalar uma criança é melhor do que todas aquelas festas? Se alguém faz esporte radical, quem somos nós para dizer que passar uma camisa, tomar um cafezinho ou sentir o perfume da pele de uma criança é mais satisfatório, embora menos eletrizante?

Precisamos acima de tudo de mais que apenas cantar a letra das canções, precisamos aprender a *dançar*. Precisamos de sugestões, de receitas concretas e sensatas para levar uma vida simples e espiritualizada. Já ouvimos tudo o que havia para dizer sobre quanto isso seria bom para nós. Agora precisamos falar sobre a maneira de *transformar essas idéias em realidade.*

Este livro pretende oferecer exatamente esses conselhos práticos. É tanto uma defesa da vida simples quanto uma espécie de cardápio, uma dúzia de receitas de uma dúzia de "artes esquecidas" de viver bem. É um livro sobre *o momento* e sobre todas aquelas coisas aparentemente insignificantes que acontecem todos os dias e merecem ser cultuadas. É um livro que fala sobre voltar a *ouvir* numa cultura que ficou surda, voltar a *enxergar* numa cultura que ficou cega. É um livro sobre voltar a *sentir* numa cultura que se superestimula a ponto de tornar-se insensível.

Lembrando sempre que a felicidade é um subproduto, como diz John Stuart Mill*, este livro fala sobre

---

* Filósofo e economista inglês (1806-1873) considerado o maior representante da doutrina utilitarista (N.E.).

a forma de ser feliz sem realmente tentar ser feliz e sobre a maneira de transformar nosso lar num templo – independentemente da decoração. Foi escrito com a esperança de que parte da ternura infantil permanece em todos nós muito tempo depois que o medo e a crueldade próprios das crianças já foram superados. É um livro simples sobre a verdade simples e a vida simples que a faz vir à tona. Com o fim do século XX e o surgimento de um novo milênio, o ser humano tem de seguir em frente – sem contudo deixar para trás o melhor de si mesmo.

# I

# CONVERSAÇÃO, ESSA ARTE ESQUECIDA

À expressão é o único
sacramento fundamental.

*Alfred North Whitehead*

Toda manhã, enquanto nosso filho menor ainda está balbuciando no berço, fazemos questão de que ouça seu nome antes de ver nosso rosto. "Cass... Cass Isaac", chamamos, num tom de voz baixo e quase inaudível. O balbucio dele pára. Ouviu um som familiar. Quando nos escondemos num canto, fora do seu campo de visão, seus olhos ficam brilhantes, mas ele não emite um único som. Sem um rosto para olhar, todas as suas energias se concentram na audição. Os adultos estão fazendo barulho de novo, pensa ele. Vibrações que me dão nome, que provam que existo, que viajaram pelo ar vindas de um lugar qualquer para o meu mundo vago e indistinto.

Isso pode não parecer muita coisa, mas é uma relação humana essencial. O mundo passa a existir através das palavras – é "lingüisticamente constituído", como diria Heidegger*, porque os seres humanos são *Homo loquins* (animais que falam). Toda a nossa civilização e sofisticação dependem da linguagem. Na poesia do Gênese, Deus cria o mundo com a palavra dizendo: "Que haja luz..." No prólogo ao Evangelho de João, Jesus é a encarnação do verbo, a melhor palavra de Deus, que "se torna carne e habita entre nós cheio de graça e paz".

A história da Torre de Babel pretendia mostrar que, quando a linguagem fracassa, a comunicação humana e, por conseguinte, a cooperação tornam-se impossíveis. A tragédia contemporânea não é a confusão, mas o silêncio – pessoas andam como fantasmas em casas com telhados de vidro contra os quais ninguém ousa lançar a pedra de uma palavra.

Pense outra vez em nosso filhinho. Ele está aprendendo não só que os seres humanos emitem sons para se aproximar uns dos outros mas também que aparece um rosto depois do som – porque o mundo é causa e efeito acústicos. É o *ouvido* que percebe os passos do mundo. O cão late, o trovão retumba, a porta de tela bate com sua saudação hifenizada. O som é um mensageiro e um intérprete.

---

* Martin Heidegger (1889-1976), filósofo alemão, autor de *O ser e o tempo* (N.E.).

Muito antes de nossa cultura optar pela visão em detrimento da audição, foi por uma estrada acústica que Deus viajou: no ouvido do profeta, na parábola do poço de água, na simplicidade transparente do Sermão da Montanha. Para viver de novo a vida simples, a vida essencial, precisamos pôr novamente a conversa no devido lugar: o centro da vida humana.

O mundo é cheio de ruídos, mas continua com fome de um discurso significativo. Há muita algazarra e conversa fiada, do tipo que transborda dos microfones do aeroporto e se transforma em insultos nas entrevistas do rádio. Mas há pouca comunicação genuína. Na verdade, o lar norte-americano tornou-se o lugar mais barulhento do mundo em torno de um silêncio absoluto.

O motivo: a televisão substituiu o impulso lingüístico. Faz com que as pessoas deixem de olhar *umas para as outras* e se voltem para o mosaico de monólogos que é o entretenimento. A arte da conversa começou a morrer quando passamos da mesa da sala de jantar para o sofá. Ouvimos passivamente os *outros* falarem, e não há espaço para introduzir nossa fala. Rimos quando *outras* pessoas são engraçadas, choramos quando *outras* pessoas estão tristes e torcemos por nossos heróis esportivos como se *nós* estivéssemos jogando. Enquanto a luz bruxuleante do aparelho de TV reflete o rosto fantasmagórico de toda uma geração, o som de famílias na condição de famílias – discutindo, brincando, elogiando, encorajando, estabelecendo e testando limites, sondando os sentimentos uns dos outros e contando histórias – desapareceu no negrume.

A extensão desse silêncio num mundo caótico é tão grande que se fazem necessárias medidas drásticas. O amor não tem condições de sobreviver ao silêncio. As crianças não podem crescer longe das palavras que criam pontes para seus receios, e os adultos não podem ensaiar nem refinar suas relações se nunca ouvem o som das vozes que amam "valorizando o momento".

Num mundo em que o divórcio é lugar-comum, não é segredo que os casamentos não só terminam em silêncio como acabam *por causa do* silêncio. A conversa é a moeda corrente da paixão, é o correio do amor. Ser ouvido, genuinamente ouvido, ser entendido, é algo tão fundamental para a renovação da intimidade que se tornou o refrão desesperado de nosso tempo.

Qual é então o primeiro passo para a recuperação dos prazeres simples de uma vida essencial? É cortar o cordão umbilical do aparelho de televisão – aquele soro cultural que pinga sua ansiedade e seu terror no espaço sagrado e mantém todos nós drogados com imagens impossíveis de uma vida inatingível. É dizer por meio da ação, e não só do sentimento, que você se recusa a deixar que lhe digam como *olhar,* como *agir* e o que *usar.* Pois só quando a luz azul da televisão desaparecer é que as pessoas recomeçarão a se ver e a se conhecer sob a luz branca da manhã.

Se você não consegue fazer nada tão radical assim, ao menos faça o voto de considerar o aparelho de televisão um inimigo do espírito, um intruso sedutor que anestesia tudo o que é real e gratificante na intimidade da vida familiar. Use-o para obter informações e procure as ofertas que valem a pena, mas evite permitir que sirva de música ambiente em sua casa. Ele mata a conversa. E tudo aquilo que mata a conversa deve ser preso, detido, permanentemente encarcerado.

Se conseguir fazer isso, e se o fizer de forma bem rigorosa, certo silêncio desconcertante vai descer sobre a casa. O som da risada enlatada vai desaparecer junto com o som dos aplausos de encomenda. O narcisismo espalhafatoso dos programas humorísticos, os projéteis e vidros quebrados de nossa relação de amor e ódio com a violência, os programas do tipo "mundo cão" que dominam a televisão durante o dia – tudo isso se cala com um aperto de botão.

O silêncio é ouro, dizemos. Mas, no começo, é um pouco assustador. Deixados por conta própria no fértil espaço vazio que a quietude cria, podemos começar a refletir, a lembrar, a esperar pela próxima conversa – e até a conversar conosco mesmos. Toda reflexão se baseia, de certa forma, no abraço do vazio.

Enquanto não passarmos algum tempo em silêncio, não poderemos dizer que vale a pena quebrá-lo.

Tudo isso requer uma mudança genuína no modo de vida. No começo, a falta de prática se disfarça em falta de jeito. Você pode perguntar às crianças na mesa do jantar: "Como foi a escola hoje?" E elas vão responder: "Legal". O mesmo com seu cônjuge: "Como foi seu dia?" "Bom." Até a arte da conversa renascer, um monte de inícios bem-intencionados será tentado atabalhoadamente e morrerá.

Mas a conversa, como todas as boas coisas da vida, não pode ser forçada. Desenvolve-se melhor quando as crianças ouvem os adultos praticá-la de formas autênticas, profundas e inteligentes. À mesa, as crianças em geral participam da conversa depois que os pais já abriram o caminho e chegam à conclusão de que não querem ficar para trás.

E quanto àquele clichê batidíssimo, "nunca discuta religião nem política", seria muito bom lembrar a premissa que nele se oculta – são coisas importantes, dizem respeito ao que Maslow* chama de "valores essenciais". É por isso que, pelo menos em casa, esses assuntos são discutidos o tempo todo. É através da conversa que os valores são ordenados, que a pai-

* Abraham Maslow (1908-1970), psicólogo americano, pai da teoria das necessidades (N.E.).

xão se torna contagiante. Se os *pais* conversam a respeito dessas coisas, elas são importantes. Quando a criança tem permissão para participar da conversa, passa a ser mais que um artigo de decoração da mesa do jantar: ela tem um papel a desempenhar na peça que se desenrola à sua frente. Quando suas idéias contam, ela também conta. As crianças obtêm acesso essencial à vida adulta quando lhes é oferecido um espaço seguro para falar e quando podem ensaiar seus pensamentos em voz alta diante do público mais paciente e aprovador que terão na vida.

Essa é, por conseguinte, a *primeira* receita de recuperação de uma vida essencial de prazeres simples: resolver *conversar* mais e se *entreter* menos. Se você é mãe ou pai, ponha lenha no fogo da conversa: seus filhos migrarão inevitavelmente da própria forma de solidão para a comunhão pela qual anseiam. Os pais que se queixam de que seus filhos não conversam com eles em geral são pais que não conversam entre si. Tudo isso continua válido mesmo que você não tenha filhos. Toda relação tem início com uma conversa e é sustentada por ela.

"A linguagem é o lar do ser", disse Heidegger. Se isso é verdade, então há mansões que foram demolidas pelo silêncio e há casinhas simples que parecem palácios por causa do som da vida que vem delas. Romper o silêncio é um presente que todos podemos dar, uma bênção disfarçada de "coisa comum". *Fale* para construir pontes sobre os abismos que nos separam, pois a fala humana não é pouca coisa – nem tem pouco valor.

Wordsworth* costumava iniciar suas conversas com amigos que não encontrava havia muito tempo da seguinte forma: "Diga-me, o que ficou claro para você desde a última vez que nos encontramos?" Imagine um mundo em que a conversa humana tivesse novamente essa importância toda. Imagine como seria se as palavras tivessem esse peso todo e sua troca essa riqueza toda.

Às vezes tudo o que queremos na vida é uma *palavra* de alguém. Uma palavra de conforto, uma palavra de perdão, uma palavra de reconciliação. Vale a pena conversar sobre a vida autêntica. Conversar sobre ela a torna mais autêntica ainda. Está na hora de sair do sofá e voltar para a mesa de refeições – porque não podemos viver sem os sons uns dos outros.

* William Wordsworth (1770-1850), poeta inglês (N.E.).

# II

# A MÚSICA E A CADÊNCIA DA VIDA

A música deve assumir seu lugar
como a mais elevada das artes –
aquela que, mais que qualquer outra,
contribui para a felicidade humana.

*Herbert Spencer*

Há alguns anos, minha família deu-me um presente de Natal musical – uma retrospectiva da vida e obra de Paul Simon com três CDs. Abrangia os anos de 1964 a 1993, começando com a imaturidade incerta de *Leaves that are green* e terminando com as oferendas profundamente espirituais de *Graceland* e *Rhythm of the saints*. Está tocando agora enquanto escrevo.

Essa seria uma nota de rodapé sem importância se a própria música não fosse tão vital para os seres humanos. Naquele dia, depois que os gritos e a algazarra da manhã deram lugar à estranha melancolia que é a tarde de Natal, fiz algo que não fazia desde a adolescência: pus meus fones de ouvido, enrosquei-me no chão e revivi mais uma vez toda a minha existência.

O que é essa combinação de som e poesia que cria um elixir tão potente e nostálgico? Será que a música existe porque os seres humanos nasceram com ritmo, programados para ansiar pela melodia? Talvez. Desde os batimentos cadenciados do coração de nossa mãe no útero até a valsa frágil de um casal idoso, *o movimento* é um indício da vida em si. Só paramos de nos mexer quando ficamos constrangidos e temos medo de parecer ridículos.

Quando os místicos falavam da "música das esferas", estavam tentando dar dignidade a uma forma de revelação. A música comove porque nos envolve como um barco levado pelo rio. E não seremos responsáveis pelo destino se sentirmos que o importante é curtir a viagem – principalmente aquela sensação de estar flutuando, que nos dá a impressão de não ter peso e nos leva como o sangue que circula em nossas veias. A música é tanto um pretexto para não ser racional quanto o pano de fundo do desenvolvimento da razão propriamente dita.

A vida simples, essencial, tem necessidade de música assim como tem necessidade de comida – preparada lentamente e servida várias vezes por dia. Espera pelo sabor de um verso familiar, pela lembrança de uma melodia que parece nunca deixar de agradar.

Pode-se dizer que, em termos práticos, a música não tem valor tangível. Apesar de todo o esforço compulsivo que entra em sua composição, ela continua não sendo nada além de ruído – a interrupção engenhosa do silêncio.

Repetindo: é a ênfase no *ouvido* que se recomenda em detrimento da ênfase no *olho*. Toda criança devia aprender a tocar um instrumento musical, não importa qual deles. A música devia ser um requisito de toda escola – não há nada de extracurricular nela. Toda mãe devia cantar para seu filho e todo pai devia aprender ao menos uma canção de ninar.

É impressionante ver o que acontece quando as crianças são levadas a concertos de música ao vivo. Primeiro elas protestam contra a simples idéia de ir, mas depois são arrastadas por sua magia antes do fim do espetáculo. E deviam ser encorajadas a dançar sempre que possível. A visão de crianças dançando sem nenhum constrangimento é uma das coisas mais lindas da vida.

Na verdade, a vida simples, espiritualizada, tem muita dança porque o próprio movimento é um prazer tão certo, um indício tão claro de alegria... Só é necessário ficar menos inibido em relação ao movimento físico, pois, pensando bem, a falta de movimento é realmente uma forma de morte. A música e a dança são formas de vida, transportam a alma, produzem o suor da paixão e servem para lembrar o corpo de sua beleza.

Tampouco importa o tipo de música que você ouve. As pessoas sempre usaram a música para avaliar o grau de sofisticação, mas isso é bobagem. Toda geração cria um som que acredita ser único. O novo substitui o velho com um zelo distraído. A verdade é que os filhos jogam a música dos pais no lixo sem perceber que estão rejeitando exatamente o som que seus pais usaram para jogar no lixo o som de seus avós. Não há nada de novo sob o sol! Além disso, toda música faz basicamente a mesma coisa: levanta a bandeira da memória, evoca os beijos, conta o sonho. E, para nossos objetivos, faz algo indispensável para a qualidade de vida: lembra-nos de que a cooperação e a hora certa de fazer as coisas são tudo.

Considere a orquestra uma metáfora da própria possibilidade de civilização. Exceto um solo ocasional, o papel da maioria dos músicos é entrar com sua *parte*, e a eles se pede que se misturem, não que se destaquem. Tocar um instrumento e entrar em harmonia com outros instrumentos é mais um exercício de restrição que de exuberância. A improvisação é possibilitada pela convenção – a mesma clave, o mesmo ritmo, os mesmos intervalos de pausa. Tocamos de acordo com as regras para poder quebrá-las – toda criatividade funciona dessa maneira. É por isso que a música não só acalma "um peito em fúria" como também nos lembra que, sem precisão e contexto, a vida é mais balbúrdia do que ritmo.

Há a hora de sussurrar e a hora de gritar. Há a hora de não dizer absolutamente nada. A música ensina, pelo exemplo sutil, que a vida é vivida mais pelas cadências do adequado e do inadequado do que pelos veredictos do certo e do errado. Os refrãos ensinam a arte da repetição; os tons menores encantam; e a dissonância é uma forma engenhosa de desconforto.

O ritmo e o crescendo são as virtudes gêmeas da arte de amar; a percussão faz a Lua nascer; as flautas são flertes; os saxofones são terrestres; e os violoncelos são queixosos e roucos. A música cria estados de espírito, os estados de espírito criam os momentos e os momentos são tudo o que temos. Por isso, a vida espiritualizada requer uma espécie de virtuosismo *emocional*: as situações da vida ditam os sons. Thomas Moore, autor de *Care of the soul (Cuidados da alma),* lembra-nos que a maioria vive mais ritmicamente e a medicina medieval encontrou paralelos entre os ritmos musicais, as estações do ano e as variações tonais da alma.

A tecnologia possibilitou levar a música a todos os lugares, mas a melhor maneira de ouvir música é *ao vivo* – ir aos lugares onde os seres humanos a executam, ver os rostos ligados à sua criação, sentir a comunhão de amigos que ela cria. É um programa melhor do que o cinema, uma noite com mais alma do que qualquer fita de vídeo pode sonhar oferecer. Os olhos podem ser a janela da alma, mas os ouvidos estão mais perto do coração.

Certa vez, numa visita a Colorado Springs, eu estava perambulando pelo Parque Acácia na hora do almoço para ouvir os velhos tocarem *jazz* num coreto ao ar livre e fui testemunha ocular do que a música ao vivo pode fazer com um grupo de estranhos. Primeiro notei crianças pequenas, pequenas demais para se sentir inibidas para dançar, girando e inventando passos na frente do palco. Não dançavam para os outros nem para atrair um possível par amoroso, mas porque estava em sua *natureza* dançar. Depois vi uma coisa maravilhosa. Três mulheres idosas, todas com pelo menos 80 anos, dançavam juntas arrastando os pés, fazendo uma espécie de acompanhamento. Uma delas ensinava as outras duas como se fazia – primeiro um pé, depois o outro. As duas alunas observavam a professora com intensidade juvenil, e suas pernas cansadas executavam os mesmos passos de dança de algum cabaré esquecido. Fiquei olhando durante muito tempo e pensei que pareciam extraordinariamente jovens, exceto pelos cabelos brancos. Era a irmandade liberada pelo ritmo. Era uma memória corporal de como é a vida, de como *teria* de ser se quisessem continuar vivas.

Então uma das velhas pegou uma criancinha negra, um bebê, e começou a fazer piruetas em volta do palco. Ambos balançavam o corpo e riam. A mãe da criança pegou uma máquina fotográfica, como que para captar essa dançante reconciliação momentânea da raça humana – o muito jovem, a muito velha, raças diferentes. Não sei como ficaram as fotos. Mas de uma coisa eu sei: de uma forma ou de outra, precisamos cantar e também que cantem para nós.

Portanto, essa é a *segunda* receita de recuperação dos prazeres simples e da vida espiritualizada: descobrir o tipo de som de que você gosta e, como um namorado, ir ao seu encontro muitas e muitas vezes. Não se esqueça de que as coisas mais gratificantes da vida nos são dadas num momento qualquer e podem nunca se repetir, seja qual for o aparelho de som ou de vídeo que tenhamos. As proibições de gravação dos concertos não são apenas questões jurídicas, são o reconhecimento de uma verdade mais profunda: como ousar pensar que esse momento pode ser transportado embaixo do braço?

Na próxima vez que ouvir música, pense nos momentos anteriores ao concerto, quando os músicos estão afinando os instrumentos, como instantes muito parecidos com o trabalho da alma. Tudo aquilo é uma cacofonia barulhenta e desajeitada até que todos se unem a serviço da harmonia. Podemos fazer nossos ensaios sozinhos, mas o objetivo é tocar juntos. Portanto, em sua lista de "coisas a fazer", não se esqueça de marcar um encontro com a música. Ouça música, faça música, deixe a música transportá-lo.

A música é o principal alimento da vida espiritualizada. Como um rio que nasce da boca do tempo, a música segue seu fluxo, com ou sem você. Tudo o que tem a fazer é afastar-se das margens, e afastar-se delas freqüentemente – pois a memória e a esperança são as correntezas mais profundas.

# III

# DEVORAR LIVROS:
## O BANQUETE DA IMAGINAÇÃO

Não há fragata que se compare a um livro.

*Emily Dickinson*

Agora os livros infantis são comestíveis. Esse é um avanço bem recente, e muito sensato. Com páginas de cartolina e cantos arredondados, pode-se roer esses livros de papelão (ou livros "servidos em porções", como são chamados) ou babar em cima deles em lugar de lê-los realmente. Ocorre-me que essa não é uma boa idéia só para os bebês, mas a analogia perfeita da importância que a leitura tem na vida – muito depois que o impulso de morder para ajudar os dentes a romper a gengiva já desapareceu. Seja qual for nossa idade, nunca devemos parar de devorar livros, pois os livros são o banquete da imaginação.

No alto da lista das coisas alarmantes de nossos dias está o seguinte: um número enorme de pessoas parou de ler. Em cidades pequenas onde as bibliotecas fecharam por falta de fundos e patrocinadores, a onipresente loja de vídeo continua iluminada até tarde da noite. As pessoas fazem fila com seus cartões para comprar uma forma quase inteiramente passiva de entretenimento, um espetáculo, a mais recente montagem de imagens editadas em ilusões monolíticas que exigem pouco mais de nós que ir tateando até a panela de pipoca. Como símbolo de civilização, a Sala de Leitura, onde vigorava um silêncio sofisticado (chhh!), tornou-se uma relíquia da velha biblioteca – preservada mais pelos cientistas cristãos do que pela cultura.

As crianças que se debruçavam sobre um bom livro para combater o tédio agora percorrem labirintos eletrônicos e matam dragões virtuais. Apesar das afirmações de ex-presidentes de que herdaríamos uma geração inteira com excelente coordenação mão-olho que geraria pilotos extraordinários, a visão de uma criança que joga Nintendo não se compara à visão de uma criança com um bom livro, viajando a grande velocidade pelo tempo cerebral e pelo espaço intelectual.

Acabo de virar a cabeça e ver Blue, meu filho de 16 anos, sentado diante da lareira lendo um livro da série *Jornada nas estrelas*. É uma bela visão, a cabeça quase inteiramente raspada, com um brinco de ouro na orelha, inclinada sobre as palavras de uma página enquanto ele explora o espaço, a "última fronteira". Será que está enviando sinais de rádio e televisão agora ou combatendo os *klingons*? Quem sabe? Mas está lendo. Sua irmã, Chelsea, também está lendo, igualmente perdida nas páginas de um livro. Não há televisão, e eles parecem ter esquecido a falta dela.

Minha mulher, Shawn, a artista, está sentada numa cadeira de balanço ali perto lendo também. Seu livro é sobre criação de filhos, um lembrete para ela, que é mãe pela terceira vez. Lá estão os três, lendo, enquanto eu escrevo sobre a importância de ler. Uma tempestade de começo de tarde, como um relógio nas montanhas, está se armando em nossa volta, e em meu devaneio eu imagino uma espécie de energia em volta de suas cabeças, como o halo dos fios de alta voltagem.

Fizemos nossa excursão anual a uma livraria de Colorado Springs e todos temos preciosidades nas mãos, todas com os respectivos marcadores de páginas. Pedaços do cérebro de alguém, histórias da viagem de alguém, sabedoria portátil, conversas íntimas a ouvir sem ser percebidos, impressões fossilizadas da paixão. Livros com belas capas brilhantes, recomendados por gente inteligente que passeou por eles antes de nós e garante que não nos decepcionaremos. Livros – chegam quentes a nossas mãos e depois, aos poucos, aquecem nossa vida, como uma cama quente numa noite de inverno.

Vamos considerar só algumas razões pelas quais a vida simples e espiritualizada requer livros em casa. Em primeiro lugar, são artefatos *físicos* – velhos ou novos, ocupam espaço na casa. Ao contrário de tanta coisa em nosso mundo que é efêmera e chega a nós em razão da determinação dos outros, os livros esperam pacientemente para ser tirados da estante quando chega a hora certa. Acumulam poeira e ficam amarelos, claro, mas não desaparecem. São uma espécie de energia cinética sob a capa, promessas na lombada, sangue transformado em tinta que, quando lido, transforma-se novamente em sangue.

Os livros também trazem os mortos de volta à vida e, dessa forma, tornam os pensamentos imortais. Sobrevivendo a seus autores, os livros garantem que a verdade não tenha de ser reinventada a cada geração. Infelizmente, aqueles que nunca lêem estão aleijados pela ficção mortal de que nada de muito importante aconteceu antes de sua época. Essas pessoas são "órfãos intelectuais", e seu número está aumentando.

Além disso, os livros criam uma espécie de *comunhão* silenciosa, trazendo estranhos para dentro de casa sem a preocupação de descobrir onde vão dormir. Preservam a ordem e ensinam a ter expectativas, começando com a introdução e segurando a gente firmemente até o ponto final. Tudo isso significa que a gente pode ter uma *relação afetiva* com os livros, uma relação que o leitor pode moldar e controlar.

Ao contrário de tantas experiências que a vida moderna entrega prontas em domicílio (instantâneas, basta acrescentar água), os livros representam a vida do pensamento, do sentimento, da experiência como *processo*. Ler é uma viagem. No prefácio, o autor se apresenta, como se uma espécie de civilidade fosse obrigatória, e depois faz a ressalva habitual em relação à promessa tênue que é escrever e ler: desculpa-se pela impossibilidade de o livro fazer um trabalho perfeito e pela impossibilidade de o leitor ter uma compreensão perfeita. Mesmo assim, é melhor viajar e entender mal do que ficar em casa.

Os primeiros parágrafos de qualquer bom livro parecem uma corrente submarina, mas não do tipo contra a qual temos de lutar. A permissão de entrar em outro mundo é ponto pacífico, e logo fica difícil saber quem está lendo e quem está sendo lido. Quando Shawn e eu lemos juntos, nunca hesitamos em chamar a atenção um do outro para uma frase que achamos importante e depois, quer o outro se ligue, quer não, voltamos para a viagem silenciosa. O caminho é cheio de voltas, essas referências a lugares distantes ou muito próximos, à mão. Muitas vezes, lemos em voz alta uma passagem cuja prosa invejamos – algo que sabemos ser verdade, mas nunca ninguém disse tão bem antes: "Ouça isso!"

Mas a coisa mais importante que os livros nos dão é, de longe, o fato de ser o melhor meio de desenvolver a mais vital das faculdades humanas: *a imaginação.* As palavras podem descrever, mas é preciso um leitor para evocar imagens, dar-lhes forma e, se necessário, censurá-las. Nossos filhos estão cometendo crimes físicos demais hoje em dia porque foram cometidos muitos crimes *visuais* contra eles. As imagens visuais de violência estão sendo penduradas na galeria de suas mentes sem primeiro ser testadas na porta de entrada. As pessoas que criam "efeitos especiais" têm a responsabilidade moral de não gravar essas coisas em espaços psíquicos que deviam continuar intactos.

Ao contrário das artes visuais, os livros deixam-nos humanamente responsáveis pelo processo através do qual as imagens passam do verbo à carne. Infelizmente, nossa sociedade menospreza esse processo com uma frase pejorativa: "É apenas a sua imaginação". Mas o que mais pode nos salvar além desse transporte silencioso e essencial da alma? A maior parte da crueldade humana seria eliminada se as pessoas tivessem a capacidade de imaginar. Como pré-requisito da empatia, a imaginação torna a bondade possível ao nos permitir entrar numa pele que não é a nossa. Por outro lado, a falta de imaginação possibilita infligir dor em todas as formas. Nunca somos mais honestos a respeito da crueldade, do preconceito e dos maus-tratos do que quando começamos uma frase assim: "Você não pode *imaginar* o que é isso..."

Finalmente, a leitura não é apenas uma forma simples e sadia de exercer a fantasia. É um meio inesgotável de autodescoberta, um meio pelo qual o próprio caráter do leitor é educado. Num mundo onde as pessoas se sentem constrangidas quando discutem qualquer coisa mais importante do que a meteorologia, os livros conseguem fazer até o mais relutante leitor mergulhar fundo em si mesmo, numa conversa lúcida e poética sobre as coisas que *realmente* importam. Quando escritores talentosos dizem coisas que já sabemos ser verdade, reconhecemos nossos pensamentos e os levamos mais a sério. Elevado a esse nível de conversa, nosso discurso torna-se mais lúcido. Em resumo, os escritores elevam nosso nível e convidam-nos a contemplar o mundo com a mesma perspicácia que lhes é própria.

Portanto, essa é a *terceira* receita de recuperação dos prazeres simples e da vida espiritualizada: comprar, pedir emprestados e ler montes de livros e considerá-los seus amigos. Um dia, quando ler para os filhos for tão natural quanto dar-lhes de mamar, os adultos nunca se deixarão afastar das páginas dos livros. Ouvir histórias antes de dormir devia ser um direito inato para que, quando crescermos, as pilhas da luz do abajur ao lado da cama acabem antes das pilhas do controle remoto. Os pais levarão as crianças à biblioteca mais vezes do que à escolinha maternal de período integral, e os professores lerão para os alunos durante uma hora todo santo dia.

As pessoas vão censurar os livros "esteticamente" – deixando de comprá-los – e as crianças terão uma mesada para livros, além da mesada regular, desde que voltem para casa com eles. Os livros serão obrigatórios em vez de proibidos, dados de presente, discutidos mais vezes que os esportes e elevados por três palavras simples ao nível da forma mais generosa e refinada de competição: "Você já leu...?". Conte calorias se quiser, mas siga em frente e empanturre-se de livros. O que você tem a perder além de estreiteza mental?

# IV

# CRIAÇÃO DE FILHOS:
## DEUSES GRANDES E DEUSES PEQUENOS

No começo, as crianças amam os pais;
à medida que crescem, julgam-nos;
às vezes os perdoam.

*Oscar Wilde*

Criar os filhos é a tarefa mais importante que qualquer ser humano assume (ou que ocorre em sua vida). Infelizmente, ninguém sabe fazer isso, para início de conversa, e na época em que se começa a ter idéia do que fazer os filhos já cresceram e saíram de casa – deixando para trás o único grande presente deles garantido aos pais: *a culpa*.

Tanta culpa, na verdade, que existem atividades múltiplas para lidar com ela. Os livros prometem ensinar a educar os filhos e os terapeutas garantem reparar os danos causados pela educação. Os tribunais entram na história sugerindo que as crianças processem seus pais por criá-las inadequadamente. Só se pode concluir que a conseqüência lógica disso é que os pais vão acabar processando os filhos por não se desenvolver como deveriam.

Os políticos prometem o retorno aos "valores familiares", embora nunca antes uma peça de retórica tenha sido tão maleável nem revelado potencial tão grande de crueldade. Mais inspirada pela nostalgia do que pela realidade, essa frase de mil e uma utilidades deixa muita gente de fora. O que está errado com as famílias não é o resultado do excesso de festas, mas a dificuldade enorme da mais hedonista de todas as gerações de ver a vida como algo *além* de uma festa. A experiência de Woodstock pode ter definido toda uma geração, mas criar filhos é a grande realidade.

Pense no barômetro social tipicamente norte-americano: os comerciais de cerveja. Imagine o que aconteceria se alguns alienígenas aterrissassem neste planeta e não pudessem assistir a nada além de comerciais de cerveja. O que concluiriam? Sem dúvida, diriam que a vida na Terra é uma longa série de noites predatórias, nas quais mulheres excepcionalmente altas esperam em bares enfumaçados, com olhos semicerrados, pela chegada de um cavaleiro andante com a barba por fazer, as mangas arregaçadas para a caçada e seu cavalo europeu espicaçado lá fora por escudeiros invejosos! Poderiam também concluir que os caminhões e as garrafas de cerveja têm propriedades mágicas e podem transformar um desolado deserto numa noite de gala em algum hotel de luxo.

Compare isso com fraldas sujas, cólicas, quartos em desordem, hora de dormir, insolência, malcriação, insubordinação, despesas que não acabam mais e más companhias: você vai começar a perceber a distância entre a vida dos anúncios publicitários e a vida real. As crianças *roubam* literalmente sua vida, sugando sua energia como vampirinhos. Enquanto os comerciais de cerveja usam o slogan "Não há nada melhor que isso!", ser mãe ou pai segue um credo diferente: "É difícil *no começo,* e *nunca* fica fácil".

Parte de nosso problema, é claro, está no fato de que nossos filhos são muito freqüentemente vistos como acessórios, cópias clonadas, figurantes limpos e radiantes no assento traseiro da *minivan*. Muito poucas vezes são vistos como pessoazinhas em busca de ordem e sentido no mundo – religião inclusive – dentro dos próprios lares.

Uma das melhores metáforas literárias da vida é também uma forma sábia de encarar a tarefa de criar filhos. Em *Pilgrim's progress* (Progresso do pioneiro), John Bunyan descreve a vida como um "vale onde se fazem almas". Acontecem coisas boas e coisas ruins. Conseguimos algumas coisas que queremos, outras são adiadas ou inteiramente negadas. A questão não é perguntar: "O que você conseguiu?" O verdadeiro problema é mais profundo: "Que efeito tudo isso teve sobre seu caráter?" À medida que passamos *de* Deus *para* Deus, a coisa mais importante a perguntar é: o que significa isso para a alma?

As religiões orientais, inclusive Lao-tsé e Buda, ensinam que o importante na vida não é ter nem fazer, e sim *iluminar-se*, compreender – escolhendo "o caminho" ou "as oito sendas". Nossa sociedade nos ensina muitas vezes que nada de valor é produzido pela derrota nem pela frustração, além de pôr em questão a capacidade daquele que fracassou. "Levanta, sacode a poeira e dá a volta por cima", dizemos. Gente que presta dá conta do recado. Se não for para ganhar, é melhor não entrar no jogo. Vencer não é tudo, é a única coisa que conta.

Mas a criação de filhos ensina uma lição muito diferente. Não se trata de um campeonato com prêmios. É um processo com conseqüências. As mães e os pais são deuses do lar, os deuses grandes. As crianças são deuses em treinamento, os deuses pequenos. A casa é o templo onde a liturgia da vida é representada, e o culto dura vinte e quatro horas por dia. Quando os deuses grandes estão felizes, tudo vai bem com os deuses pequenos. Mas, quando há problemas lá em cima, há também problemas embaixo.

Quando Shawn e eu temos uma briga e a discussão fica acalorada, em geral paramos para ouvir, numa parte distante da casa, as crianças brigarem. Se, por outro lado, estamos sendo afetivos, mostrando consideração e bondade um com o outro, as crianças se tratam de igual forma – até mesmo irmão e irmã!

Isso é aterrorizante – saber que, como pais, se pode construir ou acabar com a fé. Mas não há como enganar os deuses pequenos, e nenhuma quantidade de incenso queimado num templo de discórdia constante consegue dar vontade de cantar a esses deuses pequenos.

Essa metáfora de deus grande e deus pequeno é mais que uma figura de retórica. Certa vez, quando Shawn e eu voltamos para casa depois de um fim de semana prolongado, nossos dois filhos mais velhos nos receberam insistindo para nos levar imediatamente ao quarto e ver o que estava à nossa espera lá. Com as malas ainda na mão, respiramos fundo para nos recobrar da surpresa e vimos algo tão extraordinário que, se não tivesse realmente acontecido, não seria tão embaraçoso para mim falar a respeito disso.

Lá, num altar improvisado de retalhos de cetim colados em caixas de sapatos, havia duas fotos grandes, uma de Shawn e outra minha, cuidadosamente apoiadas, aninhadas num colar de contas e cercadas por vários objetos que simbolizavam nós dois. Era um altar não muito diferente dos oratórios que decoram as casas dos católicos devotos, principalmente da América Central e do Sul. Na ausência dos deuses grandes, e exatamente no quarto onde dormem, brigam e fazem amor, os deuses pequenos construíram um símbolo de sua devoção. Marcando o recanto como sagrado, poderiam igualmente ter empilhado algumas pedras, derramado óleo sobre elas "e chamado o lugar de templo", pois, para eles, "certamente Deus estava ali".

Eram muito pequenos para ficar constrangidos com esse ato descarado de amor, mas nós sabíamos o que significava. Os deuses pequenos *observam todos os nossos movimentos,* absorvem toda a doçura e todo o amargor que houver na casa. Isso os deixa leves ou pesados. O teólogo Horace Bushnell, conhecido por suas teorias tolerantes a respeito da educação cristã, deu uma definição perfeita ao fazer um comentário sobre as crianças: "O cheiro da casa está sempre em suas roupas".

Isso não significa que as crianças esperam que uma espécie de bem-aventurança etérea governe o templo. Não é perfeição que elas querem, e sim lealdade, primeiro entre os próprios deuses grandes e depois com a idéia de que os deuses pequenos são dignos de confiança, *inerentemente* dignos de confiança. Quando lhes pedem para contar seus melhores momentos juntas, as crianças maiores quase nunca falam da Disneylândia. Lembram-se do dia em que faltou eletricidade e elas conversaram à luz de velas até meia-noite ou recordam a tempestade que desabou durante uma viagem, e até o menorzinho dos deuses tinha certeza de estar no meio de um furacão. Lembram-se de acordar cedo para ir pescar com o pai ou da visão da mãe bem agasalhada para se defender do frio no dia de um jogo de futebol.

Os deuses pequenos nunca têm certeza absoluta de que os deuses grandes não prefeririam ser liberados de suas responsabilidades, desfrutando sozinhos seus domínios. Sabem que muitas vezes são uma decepção ou um fardo. É por isso que, quando um deus grande se senta e fica durante uma hora fazendo tranças no cabelo de uma deusa pequena, o céu se abre para revelar que a natureza do amor está ligada ao uso inverso do poder. É por isso que, de todos os presentes que um pai ou uma mãe pode dar a um filho, o *tempo* é o mais precioso deles.

Portanto, essa é a *quarta* receita de uma vida mais espiritualizada e cheia de prazeres simples: se você tem filhos, considere a tarefa de criá-los uma arte elevada e sagrada até que a morte o separe do olhar constante deles. Lembre-se de que os filhos anseiam por limites e intimamente vicejam com um tipo saudável de disciplina. Aprenderão a navegar no tempo, a alimentar a ternura, a moderar o julgamento, a lembrar aniversários, a proteger os fracos, a notar a beleza, a resistir à iniqüidade, a preservar a humildade no sucesso e a integridade no fracasso, a defender idéias, a ser generosos e a ser leais – tudo isso nascido do exemplo que é a vida dos pais.

As crianças precisam de tarefas domésticas para fazer e de uma mesada para gastar. Precisam ceder em pequenas coisas e ter determinação inabalável nas grandes. Precisam de algum tempo à noite reservado exclusivamente para elas, quando os deuses grandes vêm visitar seu mundo e brincar nele sem fazê-las sentir-se bobas. Precisam de mais elogios e de menos censuras, de mais paciência e menos ressentimento, de mais amor e menos abandono.

O nosso ainda não é um mundo próprio para crianças. Para fazer com que seja, vamos ter de reconstruir o significado da expressão "boa vida". Para as crianças, a vida é boa quando há mais luz em casa do que escuridão. Afinal de contas, o que os deuses pequenos querem é que os deuses grandes sejam felizes e lhes dêem só mais um pouquinho de tempo.

# V

# ANIMAIS DE ESTIMAÇÃO:
## A IMPORTÂNCIA DE NOSSOS AMIGOS DE QUATRO PERNAS

É Deus que os seres humanos
conhecem em toda criatura.

*Hildegard de Bingen*

Se deixassem por minha conta, não teríamos ficado com a cachorra. Cachorros custam dinheiro, mordem as coisas, fazem a maior sujeira na casa, ficam doentes e precisam de tratamento de saúde numa época em que muitos seres humanos não podem se dar ao luxo de ter um. Alguém tem de alimentá-los, dar banho, castrar e pôr uma cerca em volta deles. Se morderem uma pessoa, você é processado, se pegarem pulgas, estas vão para o tapete e depois para as crianças. Então, um belo dia, eles saem para a rua e são atropelados por um carro, o que parte seu coração. Será que vale a pena? Vale.

Há sete anos, sem permissão explícita (mas sem proibição explícita), minha mulher e meus filhos trouxeram para casa uma filhotinha de labrador preta que me apresentaram como o novo membro da família. A adoção, argumentaram eles, só poderia ser recusada pelo mais horrendo dos monstros. Essa foi a estratégia combinada atrás da porta e, quando perguntaram se havia algum problema em tornar *Max* moradora permanente, fui obrigado a responder olhando seus grandes olhos castanhos. Desde aquele momento, não tive motivos para mudar de opinião a respeito do lado prático de ter animais de estimação. Houve muitas oportunidades de observar sua importância emocional e até espiritual. Os animais conseguem despertar mais ternura nos seres humanos do que praticamente qualquer outra coisa e ligam a gente com a infância de forma nada infantil.

Os sociólogos dizem que a cidade não é o hábitat natural dos seres humanos. Empilhados uns em cima dos outros, lacrados pelo concreto armado e espremidos em cubículos o dia todo, os moradores das cidades perdem o contato não só com o ar livre como também com a dimensão calmante da vida natural.

Quando criança, tive oportunidade de fazer muitas visitas à fazenda de meu avô em Henryetta, Oklahoma. Era uma fazendinha modesta com dois lagos (num dos quais peguei o peixe dos meus sonhos), algumas cabeças de gado e o sortimento habitual de galinhas, galos e porcos.

Em retrospectiva, percebo que a fazenda era um lugar mágico por uma série de motivos, e a presença dos animais não era o menor deles. Todos me pareciam animais de estimação – até que minha avó usou um facão para cortar a cabeça de uma galinha para o jantar, e o corpo decapitado continuou correndo pelo quintal por alguns instantes, esguichando sangue. Foi então que fiquei sabendo que minha visão de mundo era um pouco ingênua.

Mesmo assim, esse foi o único lugar onde vi vacas de perto, com seus enormes olhos castanhos e seu olhar calmo, interrogativo. Foi o único lugar em que visitei um celeiro de verdade, perfumado pelo cheiro doce da alfafa, em que toquei ovos brancos e vermelhos ainda quentes no ninho, em que vi o leite esguichar num balde em vez de vê-lo gelado na padaria e em que vi porcos de focinho permanentemente úmido, a pele manchada e coberta de pêlos como o queixo de um velho.

A razão da visita à fazenda era, claro, ver meus avós – o sal da terra. Mas a fazenda também era o lugar onde havia animais, e os animais me transformaram sem saber. Em primeiro lugar, conectaram-me com aqueles ramos "mais baixos" da árvore evolutiva. Quem poderia dizer que eu não estava olhando para mim mesmo, corrente acima daquele rio genético que por fim deu uma volta até os primatas? Quanta consciência, perguntava-me eu, está por trás desses olhares bovinos? Que tipo de sonho será que uma galinha tem? Os animais estão entre nós, e a matéria muda como uma espécie de lembrete solene da variedade aleatória da natureza. Lá estou eu depois de um milhão de mutações.

Além disso, os animais nos ensinam sobre as forças elementares da vida, despidas de artificialismos e aparências. São parábolas de auto-suficiência cuja única preocupação real na vida é aumentar ou diminuir suas chances de sobrevivência. Vivem sem a sobrecarga das preocupações com a reputação – que é exatamente o benefício que trazem aos seres humanos.

É precisamente essa "desumanidade" que tende a nos tornar mais humanos. Os animais não pedem nada além de bons cuidados e (no caso de animais de estimação mais convencionais) afeição. Não nos criticam, não tramam contra nós, não ficam com um ciúme doentio da afeição mostrada a outros animais, não falam o tempo todo sobre quanto seriam mais felizes se tivessem uma casa de cachorro maior.

É a simplicidade dos animais e a chance que nos oferecem de mostrar afeição sem segundas intenções que baixa a pressão sanguínea e nos traz de volta à terra. Em torno de seres humanos, principalmente no convívio das famílias, também são uma válvula de escape. Já vi meu filho adolescente ser afetivo com a cachorra em momentos em que teria sido difícil mostrar a mesma afeição por mim. Na verdade, talvez os animais de estimação sejam uma válvula de segurança para as crianças dando-lhes a oportunidade de ser ternas com uma criatura que anseia por sua atenção sem lhes pedir nada em troca. O que os pais são para os filhos, os filhos podem ser para os animais de estimação – alimentando-os, mostrando interesse por eles e cuidando de seu bem-estar de forma a fazer as crianças se sentirem pais. É um bom treino para o futuro.

Os místicos escreveram sobre a importância do que chamaram de "nossos amigos de quatro pernas". Afirmam que nossa forma de tratar os animais é uma medida confiável, eticamente falando, de nossa forma de tratar os muito jovens e os muito velhos. Quando o apóstolo Paulo disse que "nós que somos fortes devemos servir de arrimo à debilidade dos fracos", estava fazendo a declaração final sobre a relação entre os que têm poder e os que não o têm.

É por isso que os ativistas que lutam pelos direitos dos animais, por mais extravagantes que pareçam às vezes, mostram-se essencialmente fiéis à idéia de que os fortes têm uma obrigação com os fracos que vai além da exploração. Por que *temos* de cegar coelhos para testar nossos cosméticos? Por que *temos* de comer carne vermelha se ela, além de nos fazer mal, requer pastos que destroem as florestas vitais? E por que *não* deveríamos nos preocupar com o total diário de extinções exceto pelo fato de que os elos animais rompidos diariamente estão ligados entre si numa corrente que nos mantém acima do abismo da própria extinção?

Mostre-me um homem que trata bem aqueles que não têm *status* nem poder – garçonetes, motoristas de táxi, cobradores de ônibus, carregadores de malas, engraxates, o jornaleiro retardado – e lhe mostrarei um verdadeiro cavalheiro que entende que a forma como os fortes se relacionam com os fracos é a prova ética suprema. Ter animais nos lembra disso. Dá-nos uma força paradoxal, uma contenção nobre.

*Max*, nossa cachorra, agora está investida de uma dignidade pessoal tão grande e de tantos direitos em termos de modo de vida que isso leva as crianças a dar "bronca" no próprio pai (que acha que ela deve ficar lá fora). Numa noite fria, ouvi um protesto autoconfiante, quase como o de um dono da verdade: "*Max tem* de ficar dentro de casa, pelo amor de Deus... Você quer que ela congele?" Quando se esquecem de alimentá-la, isso se torna um crime contra a dignidade pura e simples, uma falha terrível de generosidade do cosmo. Quando se machuca, é levada ao veterinário custe o que custar, exatamente como qualquer das crianças vai ao médico quando necessário.

Se ficasse por minha conta, repito, não teríamos adotado *Max*. Mas este mundo já está com excesso de medidas práticas e com falta de ternura. Essa é, portanto, a *quinta* receita de uma vida que é tanto mais simples quanto mais espiritualizada: traga os animais para dentro – de forma literal ou figurada. Deixe que seus atos em relação aos animais sejam a medida de sua compaixão pela própria vida. Lembre-se do lema de Albert Schweitzer*: *reverência pela vida.* Tenha animais de estimação e cuide bem deles. Demonstre com seus cuidados com eles como são ingênuas as expressões do amor e como são generosas as expressões da misericórdia.

Todos os pais e mães sabem que uma das primeiras transgressões das crianças muito pequenas ocorre no momento em que decidem irritar um animal de estimação – espremê-lo até ele gritar ou tapar suas orelhas porque, afinal de contas, não pode mesmo conversar com elas. Esse é o momento crucial de acabar com a crueldade no nascedouro. Dá a pais e mães a primeira chance de conversar sobre a ética do poder e da impotência. Nunca machuque um animal sem necessidade.

Certa vez, quando um de nossos porquinhos-da-índia morreu prematuramente, minha filha Chelsea preparou-lhe um túmulo no quintal. Conseguiu um pedacinho de mármore que sua mãe usa em suas es-

* Filósofo e teólogo alemão, Albert Schweitzer (1872-1965) ganhou o Prêmio Nobel da Paz em 1952 (N.E.).

culturas e gravou as letras P-I-G na parte de cima. Depois que essa lápide simples foi posta no lugar, ela fez uma cerimônia singela e colocou o porquinho-da-índia para descansar debaixo dos tomateiros. Alguns dias depois, uma papoula silvestre rosa floresceu exatamente no mesmo lugar, um acontecimento que Shawn atribuiu à fertilidade do espírito de *Pig*. Agora, em cada primavera, todos nós cavamos cuidadosamente em volta do túmulo para não perturbar o local de descanso de *Pig* nem as doces lembranças do tempo que passou em casa.

O que Chelsea fez? Ela "serviu de arrimo às debilidades dos fracos". Estava se familiarizando com o luto, assim como todo adeus é uma forma de familiaridade com a morte. Estava tornando nobre aquilo que o mundo não tinha motivo nenhum para lembrar e dando nome à perda sem nome. Se isso não é simples e espiritualizado, nada mais é.

# VI

# CARTAS E PRESENTES:
## A AMABILIDADE É INDISPENSÁVEL À VIDA

Tenho o hábito de prestar mais atenção no espírito com que um presente é oferecido do que em sua natureza.

*Robert Louis Stevenson*

Nunca antes na História humana tanta tecnologia estonteante possibilitou comunicação tão rápida e tão clara com tanta gente – do outro lado da rua ou através dos continentes. Mas, apesar de tudo isso, estamos carentes de mensagens que signifiquem alguma coisa. Conversamos no carro, pedimos comida pelo telefone ("batata frita ou torta de maçã para acompanhar?") e fazemos promessas por fax usando as linhas de telefone. Mas esquecemos a arte de escrever cartas, perdemos o vocabulário básico da atenção. Somos só negócios, sem coração, só *fast food* – sem alimento para a alma.

Do estranho do outro lado da linha do telefone na hora do jantar, que se apresenta como amigo, preocupado com nosso bem-estar ("senhor Meyers, como está passando?"), ao lixo eletrônico disfarçado de lembretes, auditorias ou cartas de uma firma de advocacia, os norte-americanos estão sitiados pela falsidade. Sufocamos em meio à familiaridade fingida. A mendicância eletrônica corrói a cortesia e nos transforma em cínicos que têm pavor de tirar o telefone do gancho na hora das refeições.

Tudo isso serve para explicar os atos de uma velha senhora que conheci certa vez e que arrastava uma cadeira até o quintal toda vez que ia pegar a correspondência. Certo dia, observando-a, perguntei para que servia a cadeira. Ela olhou para mim, sorriu e disse: "Subo na cadeira para chegar à altura necessária para tocar o fundo da caixa. É lá que ficam as cartas pequenas, as escritas a mão, os cartões e os bilhetes".

Seu esforço para chegar ao fundo da caixa simboliza toda uma sociedade que anseia por comunicação inteligente, honesta e afetiva. Nenhum de nós é um "ocupante" nem "morador atual". Temos nomes e queremos vê-los escritos a mão ou datilografados no envelope, e não num código de barras nem em etiquetas feitas por computador. Queremos ter notícias de *alguém* que nos conhece e gosta de nós o bastante para nos escrever.

Muito tempo atrás, as cartas eram o principal veículo do namoro. Eram inteligentes, contemplativas, respeitosas. Eram a expressão de nossos sonhos rodopiando sob a letra cursiva. Eram os artefatos da emoção – intimidade expressando-se como arte. Consideravelmente além da mera comunicação, as cartas, principalmente as cartas de amor, são endereçadas à *alma*.

Thomas Moore, em *Soul mates (Almas gêmeas)*, lembrou-nos que os envelopes são uma das poucas coisas do mundo moderno que selamos, criando assim um espaço privado de expressão. E os selos não são simples símbolos de troca monetária, mas pequenas telas, o que temos de mais próximo da arte medieval da miniatura.

Nas cartas tendemos a escolher cuidadosamente as palavras e a imaginar a resposta do leitor. Para começar e para terminar, para criar esta impressão ou aquela – essas são considerações artísticas, e a arte é o canal da alma. As cartas também dão uma sensação de importância e não podem ser interrompidas, como a fala, antes de toda a experiência se completar. Compostas, elas também nos compõem.

Como os livros, as cartas são coisas tangíveis, mais refletem que coagem. "Desencarnam" a voz e por isso captam muito mais da alma que o discurso comum, que costuma ter a intenção de vencer em lugar de comunicar. Guardar um maço de cartas antigas também é uma tradição que eleva a arte epistolar e a alegria de recebê-las. Devemos a existência da maior parte do Novo Testamento a esse costume.

Na vida simples e espiritualizada, expressões de sentimentos engenhosas e bem pensadas são as marcas da intimidade e o correio do contentamento. O mundo seria melhor se a arte de escrever cartas, esquecida há tanto tempo, fosse recuperada. E há mais uma prática simples que, se não foi esquecida, tem sido extremamente estilizada: a arte de dar presentes.

Nossa sociedade preservou esse costume, mas vinculou-o tanto com a obrigação quanto com o exagero. Aniversários, formaturas, batizados, casamentos – todos esses acontecimentos trazem consigo a *expectativa* de um presente. E não há nada estranho nisso se pensarmos que são muito poucos os casais jovens que montam sua casa sem os presentes de casamento. Shawn e eu ainda temos uma poncheira de cristal que nos foi dada por um dos paroquianos de meu pai e lembramos com gratidão o lado prático das obrigações sociais.

Infelizmente, os convites de casamento que nos são enviados agora sugerem a disposição de aceitar "dinheiro em lugar de presentes", e percebemos que o espírito de presentear está sendo substituído pela forma mais crassa de ganância. Acrescente-se a isso o frenesi da manhã de Natal, quando as crianças mal abrem um presente e logo o abandonam para abrir alegremente o pacote seguinte – isso nos leva à sensação de que dar presentes transformou-se em apenas mais uma compulsão.

Poderíamos pensar mais freqüentemente no presente *ocasional*, um símbolo de simples afeição e consideração. Leve uma garrafa de vinho quando alguém o convidar para jantar, colha algumas flores silvestres e arrume-as num vaso depois de chegar em casa, compre o livro que um amigo quer ler, divida o excesso de seus canteiros na primavera, traga um recorte de jornal, um cartum, um editorial que fez você pensar em alguém ou o fez rir. Mas, acima de tudo, considere presente algo que você mesmo fez.

Muita gente esquece que isso não requer talento artístico. Uma mulher de minha igreja faz as melhores tortas do universo conhecido. Gosta de trazê-las para mim tanto quanto eu gosto de saboreá-las. Elogio suas tortas incessantemente, ela as prepara religiosamente (uso a palavra de propósito), e juntos formamos uma das mais agradáveis e confiáveis entre as duplas humanas: aquele que *dá* o presente e aquele que o *recebe*.

Às vezes as pessoas esquecem que todo presente precisa de alguém que o receba de bom grado sem ter de pedir desculpas. Nunca digo à senhora Bell: "Puxa, a senhora não devia..." nem "Como eu poderia retribuir essa gentileza?" nem "Não, obrigado, estou fazendo regime". Digo: "Que Deus a abençoe, a senhora pode deixar aqui... Quer um pedacinho?" Todos temos alguma coisa a dar uns aos outros, e não se trata de competição. É uma forma de comunicação.

Entre maridos e mulheres, namorados e amigos, um presente que mostre consideração pode ser um dos mais graciosos e revigorantes gestos humanos. Os homens gostam de comprar *lingerie* (um presente que não deixa de ser interesseiro), mas talvez fosse bom pensar em algo sem ligação com o próprio prazer, algo que, em vez disso, dê prazer só ao outro. Por exemplo: uma passagem de avião para o outro ir sozinho visitar um amigo, um novo conjunto de pincéis para o artista, um cupom com o qual escolher um presente por tantas horas dedicadas às crianças.

Às vezes aquela frase batida "o que conta é a intenção" é pouco mais que um pedido de desculpas. As pessoas realmente querem não o objeto em si, mas um presente que indique *que você pensou nelas.* Isso serve para nos lembrar, como diz Marsílio Ficino*, que amigos são aqueles "que vivem no coração uns dos outros".

Numa viagem recente a San Francisco para fazer um batizado, saí procurando presentes para meus filhos. No passado, fiz isso mal e porcamente, chegando até a sucumbir de vez em quando ao recurso supervalorizado da culpa do pai ausente: a loja de presentes do aeroporto. Mas, desta vez, jurei fazer algo melhor mesmo que isso significasse fazer algo

* Filósofo italiano (1433-1499) da Renascença (N.E.).

diferente. Chelsea é nadadora e o que mais gostaria que eu lhe levasse seria um maiô novo – principalmente um maiô que fosse lindo e diferente, impossível de encontrar em nossa cidade, que lhe desse o prazer exótico de contar isso às amigas.

Blue, assim como um *zilhão* de outros adolescentes, usa camisas de marca. Isso me aborrece, e ele sabe, porque faço comentários freqüentes sobre a ditadura da moda. Portanto, em vez de um livro raro ou uma presa de tubarão, naquele dia resolvi comprar-lhe exatamente o que ele queria – uma camisa bem esquisita com a cobiçada marca. E, para Chelsea, um maiô preto inteiriço com um símbolo parecido com o da Harley-Davidson na frente e os seguintes dizeres: "Nasceu para nadar".

Blue vestiu a camisa imediatamente e usou-a durante uma semana até o convencermos de que lavá-la seria uma boa idéia. Chelsea usou o maiô para praticar natação todos os dias e parecia nunca se cansar de me dizer quanto lhe ficava bem. Ambos me agradeceram muito mais que o necessário, e tive várias oportunidades de refletir no que tudo isso significa. Mesmo que a gente sempre saiba o que dar, ou receber o que nos dão, é essencial saber que vivemos no coração uns dos outros – e também que essa morada é tão importante que altera os caminhos que percorremos e muda a forma de nosso dia.

Essa é, portanto, a *sexta* receita, em duas partes, de uma vida espiritualizada e dos prazeres simples: pôr novamente as mãos no papel e desenhar a forma do coração escrevendo uma carta. Não há necessidade de ser uma ocasião especial, só é preciso haver o desejo de se expressar e de mandar pelo correio um pedaço de sua alma. E, quando puder, imagine que tipo de presente vai abrir um sorriso no rosto de alguém e depois dê esse presente sem outro motivo além do sorriso. Saber que "moramos no coração de alguém" é viver.

# VII

## VIVER O MOMENTO

Acho que conseguiríamos viver neste mundo
de forma mais pacífica se nossa espiritualidade
fosse alimentada quando nos voltássemos não para o
infinito, mas para muito perto, para o mundo em nossa
volta – e se admirássemos sua profundidade e divindade.

*Thomas Moore*

Se existe uma única mensagem que todos os santos tentaram transmitir ao longo dos séculos é esta: viver o momento. Considere a possibilidade de que em todas as horas do dia uma peça sacra seja representada diante de um público predominantemente cego. Enquanto essa cegueira não for superada, não haverá revelação. Precisamos adquirir o que Ricoeur* chama de "segunda inocência".

Todos nos embotamos espiritualmente por achar que o mundo não tem nada de extraordinário. Dizem

* Paul Ricoeur, filósofo francês nascido em 1913 (N.E.).

que Johannes Vermeer, pintor holandês do século XVII, criou obras-primas do nada – uma mulher lendo uma carta ou dormindo à mesa. Os críticos dizem que sua obra é "a contemplação atemporal do comum" e que "eterniza o momento". Esse devia ser o passatempo de todos porque a "luminescência", como diz a escritora Annie Dillard, pode irromper no mais mundano dos momentos – mas só se recuperarmos o olhar da infância. Como disse outra mulher: "Ainda consigo surpreender-me ao ver que meu café da manhã *fica* realmente na xícara e que o vapor dança sobre ele e sobe até meu nariz como um presente por ter acordado".

Embora essas coisas dêem a impressão de ocupar a cabeça de um calouro do curso de Filosofia, a pergunta mais importante que podemos fazer é simplesmente esta: por que existe *alguma coisa?* O que levou o universo a *ser*, em primeiro lugar, e que tipo de Inteligência impulsiona essa confusão delicada e aterrorizante? Mais liberados ultimamente de nossos antigos pressupostos a respeito de um mundo mecanicista, newtoniano, de um mundo ordenado e previsível, agora percebemos o mundo como algo muito mais estranho e menos previsível do que jamais imaginamos. Assistir às previsões dos "especialistas" sobre a trajetória de um furacão é um bom exemplo disso.

Mesmo que o nome seja paradoxal, uma das lições da teoria do caos é de que existe uma ordem inescrutável, uma inter-relação magnífica, de um extremo do universo ao outro – só não conseguimos vê-la por causa de nossa perspectiva finita. Olhamos "para" as coisas em vez de "através" delas. O poeta Archibald MacLeish lamentou: "Estamos à espera do renascimento do assombro".

Não é assim com nossos filhos. Eles nascem de olhos bem abertos e maravilhados. Se os olharmos bem de perto, eles poderão nos ensinar coisas que esquecemos. Meu filho mais velho, Blue, ensinou-me que, se observarmos o mundo com cuidado, poderemos ver coisas assombrosas. Certa vez, quando ele tinha 2 anos, proporcionou-me um momento inesquecível de inocência e sabedoria.

Eu estava fazendo doutorado na Theological School of Drew University, em Madison, Nova Jersey, e era assistente de pastor em Summit. Meu filho pequeno gostava de me tirar da máquina de escrever e me levar para seu mundo sempre que possível. Era a época do Advento, quatro semanas antes do Natal, e eu estava trabalhando em meu sermão. Blue tinha outros planos. Foi assim que registrei o acontecimento num ensaio para o boletim da igreja Oakes Memorial, sob o título de "Lobo não, lobo não!":

> O Advento é um momento de celebração das pequenas coisas que mais tarde revelam importância

desproporcional a seu tamanho. Em nossa imaginação de fiéis, um bebê adormecido será chamado de Rei. Pastores pobres receberão a notícia antes do *The New York Times* e, em vez de correr para o telégrafo, vão voltar a cuidar de seu rebanho, como se quisessem pensar um pouco naquilo, como se estivessem satisfeitos pelo fato de o segredo ter sido destinado a gente como eles.

Num celeiro úmido e acanhado, em algum lugar sob uma estrela orgulhosa, o próprio tempo será reordenado. Deus tomará uma atitude, e a única espada será a respiração rítmica de um recém-nascido. Como testemunha da verdade dessas fantasias, a Igreja continuará a tudo fazer na esperança de perceber o encanto das pequenas coisas... E os fiéis escaparão por um momento do fardo de um Grande Deus e contemplarão o Mistério pelo buraco da fechadura.

Se isso não bastasse, minha família recebe o pequeno Blue em seu segundo Natal. Além de mais uma alegria, ele é um pacote fascinante de promessas. As sementes são nele plantadas todos os dias, sementes que podem ficar em latência durante anos, enquanto outras, umas boas, outras ruins, parecem germinar da noite para o dia. Ainda há pouco, um desses "plantios" ocorreu, e não pude deixar de me perguntar quando vai florescer, se é que vai florescer algum dia.

É uma manhã ensolarada de novembro e Shawn foi para a escola. Blue pede sua brincadeira favorita: histórias do Coelhinho. Como e por que essas sessões de contos passaram a ser chamadas de histórias do Coelhinho é difícil dizer, mas não importa. Blue usa o poder mágico delas para me salvar de meu escritório, que deve achar que me entedia tanto quanto a ele. A mãozinha aveludada se ergue, surge um sorriso forçado – e lá vai o papai, prisioneiro.

Rumamos para a sala, onde o sol branco do final do outono salpica listras pelo chão da casa paroquial. Lá nos aconchegamos no sofá. Blue se senta de pernas cruzadas em meu colo e começam as histórias improvisadas. Não importa que aventuras o Coelhinho viva desde que haja alguns "grandes caminhões" na história. E não importa como a história acabe desde que o Coelhinho triunfe. Mas há uma coisa que importa muito: o Lobo – aquele primeiro contato com o mal que toda criança tem ao ler "Os três porquinhos".

O que descubro nessa manhã é que Blue se opõe energicamente ao aparecimento do Lobo em qualquer outra história – principalmente como uma ameaça a seu adorado Coelhinho. Isso fica óbvio quando resolvo animar uma história do Coelhinho com um rápido ataque do Lobo, história que, sem isso, ficaria muito sem graça. "Do meio da floresta ele sai, o lobo malvado, e agarra o Coelhinho!"

"Lobo não! Lobo não!", grita Blue, o rosto crispado por uma preocupação profunda demais para uma pele como a sua. As sobrancelhas se fecham, os olhos ficam brilhantes e ele estende a mãozinha para me tapar a boca. Enquanto eu ficar quieto, o Coelhinho estará a salvo, e nem meus mais sinceros pedidos de desculpas conseguem interromper seu protesto angustiado: "Lobo não! Lobo não!"

Tento adiantar cruamente o fim da história: "O Coelhinho vai vencer, Blue, acredite em mim. O Coelhinho vai escapar sem um arranhão". Não adianta. Chego até a me oferecer para mandar o monstro de volta à floresta sem nenhum confronto, explicando que o Coelhinho simplesmente não agradava a seu paladar. Tampouco adiantou. Finalmente, digo que vamos simplesmente deixar aquele lobo estúpido na floresta, que é o seu lugar. Nem isso basta. Blue quer que ele *saia da história*. E só quando fica inteiramente satisfeito por não haver lobo nenhum é que a história pode continuar. Isso significa que sou chamado a repetir as palavras cruciais, que repito: "Está bem, filho, lobo não, lobo não".

Esse momento inofensivo me encantou no início. No entanto, quanto mais eu pensava nele, tanto mais importante e significativo me parecia. Os dias se passaram e Blue esqueceu completamente seu protesto veemente, mas eu não. Ocorreu-me que algo maravilhoso tinha passado como um relâmpago pela tela de sua mente e eu estivera presente para ver. Um quadro de inocência tão puro que ele não poderia ter consciência de como foi transparente de beleza.

Esse não foi apenas um caso de "ignorância é felicidade" porque, mesmo aos 2 anos de idade, Blue já fora apresentado ao mal, do contrário não teria tido medo nenhum do Lobo. Mas sua alma ainda não fora anuviada por um único pensamento malicioso. Por isso não encontrou o menor problema em editar o mundo para harmonizá-lo com o seu. Em seu mundo, livre do mal, não havia necessidade de olhar para trás. O som de passos significava a aproximação de um amigo. Estava em bons termos com a noite e a violência nunca tinha mostrado ser uma coisa útil. Ela não podia embalá-lo como a mãe, abraçá-lo como o pai nem confortá-lo como uma mamadeira – portanto, que necessidade havia dela?

E eu pensava o tempo todo em Calvino, que me diria que meu filho é depravado. Será? Acho que não. O mundo pode ser, e logo ele vai ter de correr seus riscos. Mas, por enquanto, saboreio o momento e me maravilho com o frescor e a pureza com que *todos* começamos esta vida, como a neve recém-caída na rua de uma cidade – por um momento, pura.

Não se passará muito tempo antes que seus amigos cheguem e batam na porta logo depois de assistir a um filme violento – com gibis para trocar e histórias para contar –, e todas as outras palavras do vocabulário são "pá", "pou" e "bang". "Será que Blue pode ir com a gente assistir a *Godzilla*? Ele come todo mundo na cidade de Nova York!" E o que será que meu filho vai dizer? *Legal?* E o Coelhinho?

Esqueça, pai, e volte a trabalhar em seu sermão. Não basta praticar o que você prega, tem de *acreditar*. Que essa seja a *sétima* receita de uma vida espiritualizada de prazeres simples: aproveitar o dia, mas sem agarrá-lo pela garganta. Confie em que a chuva vai acabar com a seca e confie no poder da vida que se desenrola. Um dia, Blue terá uma criança sentada de pernas cruzadas em seu colo, uma criança que precisará ser tranqüilizada. Então poderá fechar o círculo e dizer, com as próprias palavras, graças à própria memória ancestral: "Lobo não, lobo não".

# VIII

## O LAR: CENÁRIO DE ROMANCE

Sexo e beleza são inseparáveis, como vida e consciência. E a inteligência que acompanha o sexo e a beleza, e nasce do sexo e da beleza, é a intuição.

*D.H. Lawrence*

Nossa sociedade, de forma muito parecida com a lendária civilização romana, está desmoronando. As razões são muitas, mas a maior força isolada em ação no sentido de romper as amarras que fazem de nós seres humanos e preservam a alma é a disfunção sexual. Apesar do som constante das trombetas puritanas anunciando o Juízo Final, consumimos mais pornografia e nos entregamos a um comportamento erótico mais narcisista que qualquer outra cultura na face da Terra. Detestamos sexo, adoramos sexo. Temos medo dele, somos desesperadamente atraídos por ele. Afirmamos ficar chocados com o que os outros estão fazendo, mas pagamos para eles nos contarem o que fazem. Empreendemos campanhas contra a depravação para provar nossa decência e depois descemos ao poço da compulsão sexual, correndo o risco de perder tudo o que dizemos ser importante para nós: casamento, carreira, família, confiança básica no ser humano.

Sexo. Arrasta-nos e constrange-nos. Não sabemos ainda se é uma espécie de triste compulsão biológica, puxando-nos na direção dos animais, ou um delírio sagrado do qual devemos participar com nosso espírito por meios que fazem de nós seres humanos plenos. Embora seja a mercadoria mais antiga do mundo, também é a causa mais eficiente – e produzida em massa – de ansiedade e paranóia. Em nenhum outro aspecto a grama é tão verde do outro lado da cerca. Vivemos de ilusões, à custa das possibilidades.

Hoje em dia, parece que a maior parte da política norte-americana é impulsionada por visões diferentes da sexualidade humana. A maioria das questões candentes é de natureza sexual. Agora a forma de ganhar eleições não é conseguir que as pessoas votem *em você*, mas persuadi-las a votar *contra* um oponente moralmente inferior. É a chamada "política do pretexto", e seu feijão-com-arroz é a fofoca sexual.

Além disso, a insegurança sexual, que tem servido de combustível da perseguição nos Estados Unidos desde os julgamentos das bruxas de Salem, voltou sua atenção para uma nova lista de inimigos. A homofobia pode ser alimentada por temores secretos que o homem ansioso tem de ser gay; a maior parte do fervor antiaborto é alimentada pelo desejo inconsciente de fazer as mulheres sofrerem por sua "promiscuidade"; e o medo da educação sexual nas escolas baseia-se na idéia de que as informações honestas sobre a sexualidade são um incentivo à má conduta sexual. A verdade é que nada encoraja mais o comportamento sexual destrutivo do que a negação hipócrita, o segredo ritual e o medo institucionalizado. O apóstolo Paulo estava certo ao dizer que não teria sentido tanto desejo se alguém não tivesse dito em voz muito alta: "Não desejarás!"

Se existe alguma esperança de curar o que nos torna sexualmente doentes, há de se basear numa visão mais saudável, mais natural desse poderoso instinto humano. Se as famílias quiserem voltar a se unir mais uma vez, terão de começar com uma confissão: em parte alguma lançamos as sementes de uma sexualidade saudável ou doentia com mais "fertilidade" do que em casa. Em parte alguma ensinamos as lições erradas mais eficientemente do que quando os deuses grandes não conseguem mostrar aos deuses pequenos que a atração física e o afeto são atributos divinos, misteriosos e perigosos, importantes demais para ignorar, maravilhosos demais para negar, sublimes demais para manter escondidos.

O lar é o templo de Eros. É lá que as crianças sentem atração física e afeto pela primeira vez, sagrados ou profanos. Quando os deuses pequenos vêem os deuses grandes abraçar-se, o próprio amor se aninha dentro da alma. Quando os pais se dão as mãos, as crianças vêem a ternura tomar corpo. Quando há um abraço na cozinha, a paixão privada do quarto de dormir é validada em vez de se divorciar da vida real. As mães e os pais que se beijam na frente dos filhos podem ouvir um "ei!", mas o que existe de fato se ouvirem melhor é "ahhh!".

Além disso, quando os deuses grandes mostram respeito pelos limites sexuais, estabelecem os mesmos limites para os filhos. Quando são afetivos dentro do pacto do casamento, transmitem a importância sexual desse pacto aos filhos. Há muitas opiniões diferentes lá fora sobre o que constitui "o sagrado", mas sinto-me cada vez mais atraído pela idéia de que o verdadeiramente sagrado está naquele "espaço entre". Essa é a lição do *"eu e você"*: entre as nações e Deus ou entre os parceiros de relações afetivas genuínas, o verdadeiro caráter sagrado é o mundo criado pela interseção de duas pessoas apaixonadas com algo maior que elas – pessoas cujo amor e confiança têm *reciprocidade*. Os *quakers* gostam de pensar em Deus como uma faísca divina dentro de toda alma. Talvez seja, na verdade, a faísca *entre* duas almas.

Quer Freud estivesse certo, quer não, a respeito do complexo de Édipo, todos os pais e mães sabem que, quando uma criança pequena engatinha até a cama deles, penetra esse espaço sagrado existente entre sua mãe e seu pai. No que constitui uma forma quase instintiva de comunhão, coloca-se entre eles, como se quisesse receber a carga de energia que agora deve passar *através* dela. Meu filho pequeno me vira e me empurra muitas vezes – não tanto para me "substituir", como diria Freud, quanto na tentativa de *ser* eu.

Por isso é tão importante que a vida simples e espiritualizada seja também uma vida de afeto *demonstrado*. A visão religiosa da vida é, por natureza, uma visão sensual – não para consumir em nome do prazer, mas para abraçar em nome do deleite. Elogiar e fazer carinhos é o verdadeiro sinal do amor e ensina pelo exemplo o que é uma vida de *consideração*. Mostre-me um lar em que não exista intimidade física e lhe mostrarei um lar em que a afetividade é, na verdade, uma "afetação".

Mas mostre-me uma casa onde os deuses grandes se dão as mãos, acariciam o rosto um do outro, amam-se, e lhe mostrarei pequenos deuses românticos em fase de treinamento – crianças que acharão mais difícil separar o amor do sexo quando chegar sua vez de administrar o templo. Antigamente, a proposta era: nunca brigue na frente dos filhos, nunca beije na frente dos filhos. O resultado? Toda uma geração que supôs que a paixão, em todas as suas formas, fosse uma coisa a ser temida e escondida e que o romance sempre precede o casamento, mas nunca o mantém.

Essa é, portanto, a *oitava* receita de uma vida mais simples e mais espiritualizada: tornem sagrado o espaço *entre* vocês simplesmente demonstrando afeição. Deixem seus filhos testemunharem seus beijos. Deixem que vejam vocês se abraçarem. Deixem que ouçam suas provocações, suas reprimendas, até mesmo seu ciúme bem-intencionado. O namoro doméstico reforça a idéia de que as pessoas estão juntas porque *querem* estar juntas, não porque é decente ou conveniente.

Talvez esse seja o problema de tentar transformar as melhores coisas da vida em alguma estratégia de investimento, em que tudo é pesado e medido. Os atos valerão a pena se "nos derem algo em troca". O romance é apenas um prelúdio da sedução, e atos simples de atenção (como flores frescas) são usados para acobertar nossos erros ou para pedir desculpas. O romance genuíno, por outro lado, basta a si mesmo e não precisa ser parte de uma estratégia interesseira mais ampla.

O fato é que todos os gestos pouco práticos de afeição baseiam-se na crença de que ninguém nunca supera a necessidade de ser surpreendido por sinais do próprio valor aos olhos dos outros. E esses sinais não precisam ser caros. Corte algumas flores de um jardim, mesmo que seja de um terreno baldio, e arrume-as na mesa de jantar; procure descobrir que cores agradam a pessoa que você ama e lembre-se delas ao comprar um presente; reserve algum tempo para ouvir; telefone sem motivo, só para dizer que você está pensando na pessoa que ama e que faz diferença em sua vida; elogie alguma característica física que o atrai, mesmo que já tenha feito isso muitas vezes; dê um presente de que o outro vai gostar independentemente do fato de *você* gostar; e faça as tarefas domésticas que normalmente não são suas, ofertando o presente de algumas horas de paz e sossego.

Quando você tiver algum dinheiro extra, não faça sempre aquela mesma coisa prática que poderia fazer, como comprar pneus para o carro. De vez em quando, um homem deve levar sua mulher para comprar um vestido – e depois arranjar uma bela ocasião para usá-lo. Todo casal deve ter momentos só seus, longe da família, do trabalho e das pressões da vida social, para redescobrir o que os atraiu no começo. Não se preocupe com as crianças. Elas serão as maiores beneficiárias do fato de ter pais que são amantes.

E lembre-se: não deixe de *dançar* só porque não tem certeza de que os outros vão achar bonito. O movimento e o toque são sintomas de amor, assim como a falta deles é um sinal de que as almas se apartam. O café juntos de manhã e as caminhadas juntos no fim da tarde são elementos importantes na busca da intimidade, que dura a vida toda. Os casais estão sempre preocupados com *o que* devem fazer, e esquecem que o mais importante é fazer *juntos*, seja o que for.

As relações afetivas são uma *peregrinação* e se desenvolvem com partes iguais de riscos e possibilidades. Mas não sobrevivem à perda da intimidade nem à perda da consideração. Quando pensar a respeito disso, saiba que reservar a última dança para alguém que você ama não é apenas o resquício exótico de uma gentileza antiquada. Pode ser a maior esperança que encontrará de dançar outra vez.

# IX

# A RELIGIÃO DA MISERICÓRDIA

Pois eu desejava misericórdia, e não sacrifício; e o conhecimento de Deus mais que oferendas de incenso.

*Oséias*

Numa clara manhã de primavera, três dias depois da Páscoa, na cidade de Oklahoma, um sujeito bonitão mas solitário, com um ódio patológico pelo governo dos Estados Unidos, entrou com um caminhão repleto de explosivos feitos em casa pela porta da frente do Edifício Alfred P. Murrah e abriu um rombo enorme no mito americano.

Alimentado pelo ódio e alheio a tudo e a todos, inclusive a si mesmo, esse cruzado em luta contra o mal finalmente nos mostrou o que a política do medo pode produzir: a seara de um número suficiente de sementes ruins acaba numa colheita mutante.

Esta é a cidade onde moro e trabalho, ensino e prego. Naquela manhã de 19 de abril de 1995, dois minutos depois das nove, estava diante de um grupo de alunos sonolentos da Universidade de Oklahoma fazendo a chamada. Sem uma única nuvem no céu, ouvimos um trovão, e naquela hora eu estava a poucos quarteirões da visão mais grotesca que já tive. As pessoas andavam pelas ruas em estado de choque e o ar ficou saturado do cheiro da morte e do entorpecimento da incredulidade. Parecia a primeira vez que perdi o fôlego quando criança e não conseguia inspirar a quantidade necessária de ar. Perguntei a mim mesmo: será que estamos perdendo a cabeça ou só a alma?

Em minha condição de pastor ordenado, senti o insulto dos insultos: ser lembrado de que as "milícias" que criaram os Timothys McVeighs da vida fazem isso com a *Bíblia* numa das mãos e uma arma na outra. A palavra *cristão* agora está sendo ligada aos elementos mais violentos, mais paranóicos e mais perigosos da sociedade. Os funcionários das clínicas são assassinados por pessoas que se dizem "pró-vida". Sob a bandeira de Jesus, o príncipe da paz, ouvimos mais retórica cheia de ódio, vemos mais homofobia e testemunhamos mais suspeitas das mulheres que de qualquer outro grupo. O cristianismo foi *seqüestrado,* e a feia trajetória a que foi levado ainda está longe de terminar.

Para todos nós que pregamos o Evangelho, estes são tempos penosos, lembram o refrão de uma música que já foi popular: "Veja o que fizeram com a minha canção". Como as melhores coisas do mundo são as mais fáceis de corromper, a religião corre o risco constante de destruir a si mesma. Milhões de pessoas inteligentes já renunciaram a ela e, mesmo assim, continuam em busca de iluminação, de clareza e espiritualidade, muitas vezes na solidão, desligadas da comunidade.

O impulso religioso é universal. Nas famosas palavras de Agostinho, nosso coração *é* inquieto "até encontrar repouso em Vós". Em toda grande tradição religiosa, o objetivo é superar a *separação* – de Deus e uns dos outros. As marcas de uma pessoa genuinamente religiosa são as mesmas, não importa o nome dado a Deus, não importam os rituais empregados para "trazer o divino até nós". A pessoa de fé está *revinculada,* e os sinais dessa reunião são inconfundíveis. Não mais prisioneiro do medo e do ódio, esse coração refeito agora vê a reconciliação como a principal tarefa da vida, possibilitada pela única coisa que pode salvar-nos – o amor incondicional.

O problema surge quando a revelação se organiza em sistemas e os sistemas se enrijecem em doutrinas. O *insight* produz o ensino, que produz regras. Antes de nos darmos conta, a revelação que devia renovar essa aliança transforma-se em doutrina eclesiástica, que certamente nos dividirá.

Não há melhor exemplo do que Jesus de Nazaré. Somente o fato de lembrar às pessoas que ele não era cristão faz surgir um olhar espantado no homem comum. O pregador e teólogo Ernest Campbell resumiu o ministério de Jesus da seguinte forma: um judeu reformista, convencido de que seu povo tinha transformado o amor em legalismo e que saiu perguntando às pessoas que se julgavam "por dentro" (fariseus, saduceus e outras pessoas oficialmente religiosas): "Você tem certeza de que está por dentro?... Sei que *pensa* estar, mas você tem *certeza* de que está?" E àqueles que pensavam estar "por fora" (viúvas, cobradores de impostos, prostitutas, os doentes e os pobres, assim como outras pessoas oficialmente sem religião) ele perguntava: "Você tem certeza de que está por fora?... Sei que *pensa* estar por fora, mas você tem *certeza* de que está?".

Seu ministério era de compaixão constante e irrestrita, e suas parábolas reiteraram muitas vezes a mesma questão: nossos pensamentos não são os pensamentos de Deus, nem mesmo em nossos melhores dias. Quando os profetas chamaram Israel para examinar sua fé, as perguntas nunca eram de natureza teológica – eram sempre *éticas:* "Como vivem na terra o estrangeiro, a viúva, o órfão?" Quando Jesus fez o primeiro sermão em sua cidade natal, foi uma declaração de que ele era a realização da profecia de Isaías – Deus tinha o que os teólogos católicos romanos, principalmente os do Terceiro Mundo, chamam de "opção preferencial pelos pobres". Marcus Borg a chama de "política da compaixão" em contraposição à "política da pureza". Mas, seja qual for o nome que lhe dê, certamente não era "Jesus, humilde e suave, doce como uma criança". Depois da bênção, tentaram matá-lo.

Mas o que significa tudo isso para nós, para você e para mim – tentar viver uma vida mais simples e mais espiritualizada? Significa que teremos de examinar nossas crenças religiosas para ver se elas nos tornam mais ou menos misericordiosos, pois qualquer religião que não nos faça mais bondosos não valerá o tempo investido nela – e pode até nos lesar a saúde. Qualquer religião que nos fecha em vez de nos abrir, que nos torna menos tolerantes em vez de mais compassivos, que levanta muros de separação em vez de construir pontes de compreensão deve ser condenada.

A civilização, do ponto de vista celeste, não é nada além de um longo processo pelo qual aprendemos a ser bons. Portanto, toda instituição religiosa que prometer a seus seguidores direitos exclusivos ao reino, que seduzir seus adeptos com a droga venenosa da certeza e os fizer acreditar que a salvação está reservada a poucos eleitos deverá ser rejeitada como a semente da Guerra Santa, da Inquisição e de todo capítulo sombrio e sangrento da história da religião organizada.

Essa é, portanto, a *nona* receita para aqueles que desejam levar uma vida mais simples e mais espiritualizada: avalie sua fé pela medida de sua *misericórdia.* Pergunte-se se ela lhe dá mais condições de perdoar e de se reconciliar, de ser paciente e altruísta, de pôr a própria casa em ordem antes de tentar reorganizar a mobília do resto do mundo.

A vida espiritualizada é impregnada de sentido religioso, mas não do tipo que leva a novas formas de idolatria. A pessoa genuinamente religiosa vê a natureza, a vida e a consciência como um todo unificado e não é compulsiva nem controladora. A vaidade cede lugar à gratidão, e todo ato, por mais insignificante que seja, é considerado importante dentro da misteriosa teia da vida.

Além disso, todas as definições convencionais de poder e prestígio viram de ponta-cabeça. Ser fraco aos olhos do mundo é ser forte aos olhos de Deus. Doar ao mendigo, fortalecer os deserdados, dar esperança aos necessitados e construir com amor e afeição o que o mundo está sempre tentando romper com esperteza e ilusão – essa é a medida da vida espiritualizada.

Não viva para ser visto nem recompensado. Aja gratuitamente e renuncie ao ego da juventude e sua presunção de imortalidade. Não se volte para o momento anterior em busca de algum milagre – os milagres estão *no* momento. Em vez de culpar os pobres por ser pobres – o que é fácil –, faça o que puder para mudar sua sorte, e dê mais do que recebeu.

Seja você cristão ou judeu, pense um pouco na reviravolta que haveria no mundo se a canção de Maria, *Magnificat*, estivesse na ordem do dia. Lembre-se de que um rabino sem um centavo no bolso, que nunca escreveu coisa alguma, mudou o mundo tornando todos os seus centímetros quadrados sagrados e declarando que todo homem, mulher e criança são filhas e filhos amados de Deus. Quando parecer bom demais ser cristão, fácil demais, lembre-se de que já foi perigoso – o Fundador do cristianismo foi condenado à morte como criminoso comum, uma vítima da pena capital.

Mais que qualquer outra coisa neste mundo, a religião tem feito muito mal e tem feito muito bem. Nunca deve ser considerada pouco importante nem usada como símbolo de decência. Nunca deve ser manipulada por seu valor sentimental nem invocada em nome das vantagens – na guerra como na política. Seu propósito é reunir um mundo fragmentado à própria Fonte de todo o bem e da dádiva perfeita, é transformar as bobagenzinhas febris dos pequenos agravos e do egoísmo em companheirismo na busca do sagrado.

A vida simples dos prazeres simples é a vida religiosa – se simples quiser dizer contente, gratuito e despojado. Num mundo onde milhões passam fome à sombra de castelos cada vez maiores, não pode haver integridade numa fé que encoraja, e até abençoa, o consumo ostentatório. Perguntaram a uma visitante oriental que chegou aos Estados Unidos recentemente qual foi a maior impressão que o país causava, a impressão que se destacava acima de todas as outras. Quase pedindo desculpas, ela respondeu: "Em meu país, só pegamos aquilo de que *precisamos*".

Que novidade em matéria de conceito!

# X

# SÓ QUEM TEM LAÇOS É LIVRE

Se uma nação dá mais valor a alguma coisa que à liberdade, perde sua liberdade; e a ironia é que, se for conforto ou dinheiro aquilo que ela mais valoriza, vai perdê-lo também.

*Somerset Maugham*

Todos os anos, no dia 4 de julho, os norte-americanos celebram a palavra número 1 de seu vocabulário: *liberdade*. Usamos a palavra em tudo, como geléia no pão. Ficamos de olhos úmidos cantando a liberdade, de peito estufado como pavões falando dela, seriíssimos em sua defesa, preferimos a morte ao comunismo. Amamos tanto essa palavra que quase ficamos indignados quando alguém nos pede para explicar exatamente o que significa. Algumas palavras são como música de elevador: gostamos da forma indefinida pela qual nos acalma durante o percurso, aonde quer que estivermos indo. Mas, se nos pedirem para dizer o nome da música, nunca temos a menor idéia dele.

A maioria das pessoas diria, sem um minuto de hesitação, que a nossa é a sociedade mais livre da face da Terra – e, ao menos num aspecto, isso é verdade. Criamos uma sociedade em que as pessoas podem subir mais alto e cair mais rapidamente que em qualquer outra na Terra. Criamos mais abundância material e, à sua sombra, mais sofrimento emocional do que qualquer outra nação. Embora detestar impostos ainda seja o mais popular dos esportes políticos, os nossos continuam sendo os mais baixos do mundo industrializado. Os pobres não podem pagar, os ricos sempre acham formas de não pagar e, por isso, só nos Estados Unidos a classe média (aquele fermento do pão da democracia) paga tanto pelos ricos quanto pelos pobres.

Quanto à idéia de liberdade, agora é quase sempre um conceito comportamental, e não um conceito filosófico. Embora envolvida numa retórica de donos da verdade, a palavra é usada principalmente para protestar contra o olho vigilante de qualquer consciência coletiva. Em outras palavras, liberdade significa sermos deixados em paz para fazer o que quisermos fazer na busca da obtenção e da manutenção do que queremos. Liberdade, para muitos, é sinônimo de *segredo* a respeito das vastas desigualdades da vida norte-americana.

Samuel Johnson* tinha isso em mente ao pronunciar aquelas famosas palavras: "O patriotismo é o último refúgio dos canalhas". Hoje em dia está muito em voga dizer histericamente que todos vamos "perdendo nossa liberdade". Mas, para muitos, isso significa qualquer coisa que restrinja seu modo de vida, que acrescente um desvio à distância mais curta entre o que têm e o que querem ter, obrigando-os a observar regras humanitárias básicas que insistem em dizer que todos observariam de algum modo se fossem deixados em paz. É a "mão invisível" de Adam Smith ou é, na verdade, a teoria de liberdade da Galinhazinha Vermelha das histórias infantis? "Plantei o trigo, moí a farinha, assei o pão e agora vou comê-lo sozinha!"

Mas outra ficção, talvez mais perniciosa ainda, sobre a liberdade humana é de que ela constitui um pretexto para vários tipos de *permissividade* – sem pensar no impacto sobre os outros. Liberdade significa licença para não cumprir obrigações, para consumir irrefletidamente ou para buscar o prazer irresponsavelmente. Nesse caso, seria uma questão de "liberdade" permitir que os motociclistas andem sem capacete. Mas como explicar essa liberdade à viúva cujo

* Escritor inglês (1709-1784) (N.E.).

marido teve o cérebro esmagado, a seus filhos agora sem pai e à equipe do pronto-socorro que labutou a noite inteira tentando consertar o que poderia ter sido evitado (os médicos os chamam de "motodoadores")?

Quando era jovem, achava que liberdade tinha algo a ver com uma viagem de ponta a ponta pelo país no estilo *Easy rider* (*Sem destino*) – o vento nos cabelos, nenhum horário, nenhuma obrigação, nada além da estrada pela frente. Agora sei a verdade: a estrada tem buracos enormes, o vento é cheio de piolhos e ninguém além de sua família se importa que você esteja vivo ou morto.

É por isso que a vida simples e espiritualizada exige que a gente recupere um conceito *religioso* de liberdade – um conceito enormemente diferente do popular e do político. A liberdade religiosa foi definida certa vez como o ato de assumir voluntariamente obrigações mais profundas e mais sagradas do que qualquer autoridade civil jamais poderia impor. Esse é o significado de "dar a César o que é de César e a Deus o que é de Deus". No Novo Testamento, *somente os que têm laços são livres* – aqueles que renunciaram à liberdade como um pretexto para o prazer e a usam, pelo contrário, como um meio de dedicar a vida a um propósito mais elevado.

Em minha condição de ministro de uma igreja cujo pano de fundo é congregacional, sei tudo sobre o amor à liberdade e sobre nossa paixão quase idólatra pela independência *yankee* como forma de governo teocrático. Mas "fazer o que bem quisermos" também pode significar "não fazer nada", assim como "a caridade começa em casa" pode querer dizer que ela também *termina* ali. Um velho pregador sábio disse certa vez: "Liberdade não significa fazer tudo o que queremos; significa fazer o que Cristo quer".

Essa é, portanto, a *décima* receita de uma vida mais simples e mais espiritualizada: usar a liberdade para escolher a que se vai *renunciar* em favor dos outros. Não confunda liberdade com permissão para deixar de cumprir suas obrigações. Considere-a uma oportunidade de cumpri-las melhor. Caso contrário, será apenas mais um sinônimo de egoísmo.

Já se disse que a vida não é nada além de uma série de escolhas e que, com o passar do tempo, transformamo-nos naquilo que nossas escolhas nos tornaram. Se fizermos escolhas egoístas muitas e muitas vezes, poderemos acabar sem nada que nos prenda, mas também sozinhos. Mas, se escolhermos estar em harmonia com aqueles que nos cercam, colheremos muito mais do que semeamos altruisticamente. O precioso e inebriante da liberdade é sentir que ela nos eleva acima das decisões intermináveis da vida: cada dia é uma encruzilhada da estrada, uma opção de amanhã.

À medida que a ciência se dirige para uma teoria unificada da criação, os teólogos são chamados a se juntar aos físicos numa reafirmação da natureza conseqüente de algo mais que apenas a matéria (pois para toda ação há uma reação oposta e igual). Todos nós logo reconheceremos que o mundo do espírito também tem conseqüência, pois somos salvos ou condenados *por causa* do que fazemos mais do que *apesar* do que fazemos.

A vida simples e espiritualizada é uma *escolha.* É um ato deliberado de modéstia, que exige a opção pela trilha menos usada para chegar ao patamar da auto-realização. Começa toda manhã quando os olhos se abrem: sair das cobertas ou voltar a dormir? Fazer um carinho no cachorro ou rosnar para ele? Começar o dia com uma boa palavra ou com uma palavra de queixa?

À medida que o dia passa, os riscos ficam mais altos, mas as escolhas não acabam nunca. Meu trabalho é uma vocação ou apenas um meio para um fim? Meus colegas são peões num tabuleiro de xadrez ou seres humanos genuínos, cujos sentimentos têm importância? Devo flertar com a secretária ou ligar para minha mulher para saber como está seu dia? Vou à festa do pessoal do escritório ou ao recital das crianças? Tomo uma cerveja com os amigos ou chego na hora para assistir à peça da escola? Devo fazer o possível para lembrar aniversários e datas importantes para outras pessoas além de mim ou fazer uma brincadeira a respeito de quanto sou esquecido?

Se o Leão do Imposto de Renda não estivesse à espreita, vigiando rigorosamente, você pagaria seus impostos honestamente ou "liberdade" significaria que pode sair por aí fraudando todo mundo? Sem uma caixa postal ou sem uma linha de telefone segura, conseguiria dar continuidade a seu caso extraconjugal? A linha divisória entre privacidade e segredo é muito tênue. Total transparência parece uma questão *jurídica*, mas na realidade é uma questão *moral*. Quando se tomam decisões que nunca vêem a luz do dia, as conseqüências costumam ser os mais sombrios comportamentos humanos.

Como tomar decisões que reflitam uma vida simples e o desejo de uma existência mais espiritualizada? Prestando atenção às pessoas em quem ninguém presta atenção em vez de estar no mundo como quem está num coquetel. Lendo para uma criança, nossa ou de outrem. Deixando de empurrar as pessoas para o lado quando se põem em nosso caminho, como se fossem obstáculos entre nós e a realização do gol.

O padre Alfred D'Souza disse certa vez: "Durante muito tempo me pareceu que a vida estava prestes a começar – a vida de verdade. Mas sempre havia algum obstáculo no caminho, algo que era necessário superar primeiro, uma questão pendente, o tempo de serviço que ainda havia pela frente, uma dívida a ser paga. Então a vida começaria. Por fim, ocorreu-me que esses obstáculos *eram* a minha vida".

Você deve pegar o telefone e ligar para seu velho pai ou sua mãe idosa ou preocupar-se com a conta do telefone? Deve ouvir pacientemente as pessoas enquanto contam sua história ou justificar-se dizendo que está atrasado para um compromisso importante? Deve dar esmola a um mendigo ou não, dizendo a si mesmo que ele provavelmente vai gastar o dinheiro com bebida? Deve comprar seus selos ou enviar a correspondência pessoal pelo serviço postal do escritório? Temo que toda uma geração tenha se confundido desde que Janis Joplin cantou: "Liberdade é apenas sinônimo de não ter nada a perder".

Os prazeres simples são os momentos em que a vida é mais experimentada do que consumida, e os momentos são essenciais quando o transcendente impregna o comum dos dias. Mas isso não nos chega como uma refeição entregue em domicílio, e você não tem como chegar lá mesmo que alugue uma limusine. Não pode rolar no chão atracado com a "boa vida", quebrar-lhe o braço e depois se declarar vencedor. Ela é o outro lado da moeda de uma barganha divina, um curinga que nunca é posto na mesa. As melhores coisas do mundo são *dadas* gratuitamente àqueles que usaram sua liberdade para *escolher* bem.

# XI

# COZINHAR E CONSTRUIR

Durante minha infância, o Dia de Ação de Graças era perfeito. Os homens faziam o trabalho duro, que era sentar-se na sala e conversar sobre a quilometragem por litro de gasolina e dores nas costas, enquanto as mulheres faziam a melhor parte, que era cozinhar. As mulheres detinham o privilégio e os homens ficavam rodeando seu "reino", e se qualquer deles ousasse entrar na cozinha era vigiado de perto para não tocar em coisa nenhuma e estragá-la permanentemente.

*Garrison Keillor*

Não deve ser surpresa o fato de que, no centro da vida e da fé da Igreja, haja uma mesa – assim como seu sacramento mais importante é uma refeição na qual o comum é consagrado e o simples e escasso é declarado abundante. Seja qual for a teologia da comunhão, o simbolismo é coerente com a forma pela qual o Mestre revelou o reino a seus discípulos: não há que olhar o espaço imaginando um lugar distante onde nunca se ouve uma palavra desencorajadora e o céu nunca fica nublado um dia inteiro.

Um dos melhores mestres de pregação dos Estados Unidos, Fred Craddock, soube expressar-se melhor: "Não acho que, na noite da última ceia, Jesus tenha se alongado muito na teologia sacramental. Talvez tenha dito somente: 'Por favor, passe aquele pedaço de pão ali (e eles passaram)... Ainda há vinho na jarra? (Sim.) Ponha um pouco aqui'. E pegou o pão, partiu-o e abençoou-o. E uma ceia transformou-se em sacramento porque ele *disse que assim era*".

Hoje temos todo tipo de teoria complexa sobre a "transubstanciação" e todo tipo de regra sobre quem pode sentar-se à mesa e quem não pode. Imagine-se uma lista de convidados seletos para uma refeição em que o convidado de honra de todos os tempos discursa. E isso em nome daquele que disse que, se as pessoas importantes tivessem coisas melhores a fazer além de participar do banquete do reino, ele se arrastaria de joelhos pela rua para tomar o lugar delas.

Foi só mais uma lição. A última. A melhor. Todos temos de comer, e comer no Oriente Médio antigo era muito mais que uma necessidade biológica. Era uma afirmação social, política e teológica. Era atribuída enorme importância a quem se sentava à mesa, ao lugar e à ordem que ocupava. Se os lugares fossem embaralhados e seus ocupantes mudassem, como saber quem era puro e quem era impuro, quem era rico, quem era virtuoso?

Comenta-se que Jesus não foi morto tanto pelas coisas que dizia como pelas pessoas com quem se associava. Sua ofensa, segundo Mateus, não se deu apenas porque ele andava com pecadores e cobradores de impostos, mas pelo fato de que "*comia* com eles"! A mesa não era apenas uma superfície lisa sobre a qual se colocava o alimento, era um diagrama da decência, uma linha divisória traçada na areia, o último bastião da ordem e da tradição para o povo de Deus.

Na verdade, as coisas não mudaram muito. A mesa ainda é o último bastião da ordem e da tradição tanto na família quanto na sociedade. Comer *ainda* não é apenas uma necessidade biológica – é um exercício espiritual e, até o último detalhe, é o mais importante barômetro da vida essencial. Assim como mantém a Igreja coesa, a mesa mantém a família coesa. Mostre-me uma família que não toma uma única refeição em conjunto por dia e lhe mostrarei uma família cujos membros só se cruzam no corredor.

Numa edição recente da revista *The New Yorker*, Francine Du Plessix Gray lamenta as imagens depravadas da vida adolescente da cidade de Nova York num filme chamado *Kids* (garotos). Um elemento comum nesse retrato perturbador era a evidência de que nenhuma dessas crianças tinha sido civilizada pelo ritual de uma refeição de verdade em casa. Ela escreve: "Não se trata de mais uma arenga carola sobre 'fome espiritual', trata-se do fato de que podemos estar testemunhando a primeira geração da História que não foi chamada a participar daquele rito primordial de socialização, a refeição em família".

Será que alguém pode dizer honestamente que comer no carro é um avanço da civilização? E os micro-ondas, então? São ótimos para esquentar as coisas, mas será que devem substituir o forno? E também temos a bandeja de TV, que pode ser a blasfêmia suprema. Não só nos tira da mesa como nos afasta daqueles rostos que precisamos ver de frente!

Durante a maior parte da História humana, as pessoas separavam-se para *ganhar a vida* e depois se reuniam em volta da mesa para *viver*. Com alegria e tristeza elas se sentavam juntas – às vezes em silêncio, às vezes com vozes animadas e grandes gargalhadas. Mas o preparo da refeição e o ritual da mesa eram a argamassa que mantinha as pessoas unidas. Qualquer um que deseje simplificar sua vida e criar momentos espiritualizados nas horas comuns não pode ignorar a função da *mesa* tanto como âncora quanto como rede de relações.

Essa é, portanto, a *primeira* parte da *décima primeira* receita de uma vida enraizada na terra, mas aberta para a possibilidade do céu: pôr uma mesa bem sólida no meio da casa, jogar fora as cadeiras de dobrar e parar de pensar que sempre se pode comer fora, bem como construir uma vida interior. Insista com aqueles que você ama para respeitar ao menos uma refeição por dia, na qual se faz uma oração, as pessoas se cumprimentam e dizem alguma coisa sobre seu dia. E não comece a comer enquanto todos não estiverem sentados à mesa.

Lembre-se disto: não é só no consumo de comida que temos comunhão uns com os outros mas também em seu preparo. Infelizmente, os rituais pelos quais as refeições eram preparadas antigamente, quando alguém cortava lenha, alguém fazia a massa e alguém abria uma garrafa e servia o vinho, são, quase sempre, coisa do passado. Mas não há nada melhor para animar a conversa do que escolher feijão ou debulhar milho, e não há nada que estimule tanto o apetite quanto o aroma da comida que *se transforma* em refeição. O almoço comprado pode ser mais fácil, mas chega sem avisar e, por isso, não tem muito atrativo, negando a todos os sentidos o maior prazer: a expectativa.

A *segunda* parte da *décima primeira* receita é dirigida àqueles que trabalham muito com a cabeça, mas raramente com as mãos. A vida mental é uma coisa maravilhosa, mas como alguém que vive dela posso lhe assegurar – não basta. As idéias são poderosas, mas evanescentes. Como açúcar sem proteína, pensar demais e fazer pouco cria uma ilusão sedentária: penso, portanto ajo. Soren Kierkegaard* tentou advertir todos nós a respeito da ilusão perigosa de que ter bons pensamentos pode ser confundido com realizar boas obras. Como em sua famosa parábola "O homem que andava para trás" – para longe de você, enquanto sorri e estende a mão como se fosse cumprimentá-lo –, quanto maior o número de coisas que *falamos* em fazer, tanto menos obrigação sentimos de realmente *fazê-las*.

Veja os *yuppies* da minha geração, que acreditam que o indício supremo de ter "chegado lá" é comprar tudo. Se você precisa de um piso, contrate alguém para fazê-lo; se precisa de um jardim, contrate um jardineiro; e, se precisa cortar o gramado, é para isso que serve o filho do vizinho. Colarinho branco significa mãos limpas. Sucesso significa trabalhar com conceitos, apresentar os elementos do projeto que outra pessoa vai montar. O que se perde no processo é a conexão com o mundo físico e com aquela coisa que dá prazer à alma, que é "fazer você mesmo".

Você pode achar que não há muita coisa que possa fazer, mas a verdade é que todo ofício pode ser apren-

---

* Filósofo existencialista dinamarquês (1813-1855) (N.E.).

dido e nada substitui a criação de um projeto, a compra do material e a realização da tarefa com as próprias mãos. Você vai cometer erros, lógico, é o que o mantém humilde. Mas também vai descobrir que manipular uma pequena parte de seu mundo – mudando-a, recriando-a – satisfaz seu ego num plano muito básico. Esqueça as unhas. Mãos à obra.

Vamos encarar os fatos: não nascemos com uma visão da vida anti-séptica, antimatéria. As crianças cobrem-se de lama, mergulham em poças de água da chuva, passam comida no rosto todo. Será que os adultos devem realmente superar para sempre a necessidade de se sujar? O perfume da serragem e a impressão causada quando ela adere à pele são prazeres simples. Revolver a terra também, assim como cortar o papel e montar uma pipa ou apertar um parafuso.

Houve muitas manhãs antes do trabalho e muitas noites depois dele em que me senti satisfeito por ninguém me observar enquanto eu cantarolava de prazer ao pregar um brilhante prego prateado num pedaço de madeira acabado de cortar que se encaixava perfeitamente no lugar. Misturar cimento é exatamente tão gostoso quanto bater um bolo, lavar o chão é terapêutico, juntar folhas caídas com o ancinho no outono pode ser uma glória.

Assim como devemos parar de segregar formas de trabalho e de considerar aqueles que *fazem* inferiores àqueles que *planejam*, também devemos lembrar que o trabalho manual é fundamentalmente uma forma de criatividade. Pode não ser arte, mas em certo aspecto requer imaginação, deliberação estética e algum tipo de técnica. Os pedreiros orgulham-se do que fazem. Os encanadores também. E os carpinteiros. Quem pode dizer que seu trabalho não é arte?

Portanto, além de voltar à mesa, também seria bom comprar algumas ferramentas. A vida simples é uma vida de "mão na massa" e a pessoa espiritualizada vê beleza em toda parte – até nos encaixes perfeitos da madeira bem polida e no movimento trivial de uma pá de pedreiro que esculpe um novo lance de escada. Sim, deixe seus filhos gravarem ali suas iniciais! Vamos banir para sempre a arrogância que considera o trabalho manual inferior à administração e declarar todo ofício novamente sagrado – para não esquecer como as coisas de fato são feitas.

# XII

## ESPERA E ESPERANÇA: O PRAZER DA ANTECIPAÇÃO

Esperança é aquilo que tem plumas – que se
empoleira na alma – e canta uma canção
sem palavras – e nunca pára – nunca.

*Emily Dickinson*

Vamos encarar os fatos: a paciência é uma virtude desaparecida há muito tempo. Queremos tudo na vida agora, neste exato minuto, e consideramos a espera uma forma de impotência. Gratificação imediata é o nome da brincadeira, dos altos salários iniciais ao cibersexo, passando pelo café instantâneo. Não há satisfação no processo, só no resultado – e, se o resultado demorar muito, esqueça.

Grande parte da tecnologia moderna pressupõe nosso desejo de achar um atalho para tudo: as empresas matrimoniais prometem extirpar traços indesejáveis para não desperdiçarmos tempo descobrindo coisas que nos decepcionarão; livros condensados prometem contar a história toda sem a gordura verbal (quem precisa do desenvolvimento do personagem?); e comprar por telefone depois de ver pela TV significa que até a antiga e extremamente socializada arte da barganha pode ser um exercício solitário destituído de dificuldades e atrasos.

Nosso desejo de ter tudo bem depressa expulsou a infância para tão longe que ela praticamente não existe mais – pois a inocência é um daqueles estágios pouco práticos e, em última instância, uma perda de tempo. Banhos de loja e uma tarde num salão de beleza, por exemplo, podem fazer uma menina de 12 anos aparentar 18. Uma jornalista chegou recentemente até a sugerir em sua coluna que a verdadeira mensagem de grande parte da retórica política de nossos dias é de que a infância torna-se simplesmente cara demais e precisa ser eliminada! Para os adultos, os cartões de crédito são o símbolo perfeito da idade – permitem-nos ter o que queremos agora e só nos preocupar com pagamento muito tempo depois que o objeto comprado perdeu todo o encanto.

O problema disso tudo está além do mero cinismo da era moderna. Filósofos e teólogos tentam há séculos nos dizer o que a vida significa se pelo menos prestarmos atenção a ela: a expectativa não é apenas um prazer eventual, mas pode tornar-se o *principal* prazer da vida. Imaginar o que será mas ainda não é, planejar uma forma de mudar o amanhã, esperar por coisas que ainda estão por vir acreditando na possibilidade – essas são as coisas que nos dão força quando nada mais é capaz disso.

Um dos prazeres simples da vida acadêmica é o encontro todo início de ano letivo, num ritual de renascimento, de alunos e professores na livraria – aquele símbolo de possibilidade tão real quanto o cheiro da tinta fresca e da cola dos livros. Todo curso tem sua lista de leitura obrigatória: livros que os alunos jamais comprariam se isso ficasse por sua conta e que não lerão se puderem safar-se da obrigação. Mas lá estão eles: as questões seminais dos filósofos gregos, a loucura lírica dos poetas, os magos da ciência tentando medir o místico – todos em busca do Santo Graal da sabedoria.

No início do ano letivo, na universidade, todas as coisas são possíveis. Todo aluno pode tirar um A, toda aula pode ser impregnada de calor, toda análise pode sondar as profundezas do sentido da vida. Não vai ser assim, lógico. Mas, por um momento fugaz, é assim. É assim na livraria, na fila do caixa, sob o sortilégio dos cadernos em branco, dos marcadores novos e de mochilas cheias de possibilidades.

Se a nossa civilização quiser sobreviver, terá de restaurar a antiga arte de *esperar*. Terá de encorajar a imaginação moral e alimentar sonhos humanos além daqueles da ambição privada. Precisamos acabar com a ilusão de que as boas coisas podem ser obtidas rapidamente, de que poupar dinheiro é antiquado e de que a linha de chegada é a única parte da corrida que interessa. A criação da alma tem ritmo próprio, portanto quem somos nós para apressar as coisas?

A vida é uma jornada, e não apenas a chegada ao destino, e a sabedoria nasce dos anseios. Da mesma forma, nossas esperanças não precisam ser tão remotas quanto as da personagem memorável de Charles Dickens em *Bleak house (Casa desolada)*, a senhora Jellyby, cujos olhos estão sempre perdidos na distância, como se *não pudessem enxergar nada mais próximo que a África*. Muitas almas bem-intencionadas, imitando sua "filantropia telescópica", estão prontas para salvar o mundo, enquanto embaixo de seu nariz não há alegria nem crianças bem cuidadas! Podemos esperar por coisas que estejam mais à mão: podemos esperar com prazer a próxima refeição, uma boa noite de sono, a companhia de alguém que amamos.

Se você quiser melhorar o nível de qualquer conversa, pergunte a seu interlocutor o que espera ser um dia. Viver com doces esperanças não é perda de tempo, semear a vida com possibilidades não é apenas uma brincadeira boba de criança. Viver o momento enquanto se espera pelo próximo pode parecer uma contradição, mas na verdade é a marca inconfundível da vida espiritualizada.

Essa é, portanto, a *décima segunda* receita de uma vida que é simples sem ser simplista e espiritualizada sem ser doutrinária: considerar a *esperança* um estado de espírito para o qual não há alternativa aceitável. Seja paciente e lembre-se de que muitas vezes as coisas funcionam de acordo com uma sabedoria que está além do entendimento. Ao longo do caminho, nunca renuncie ao prazer simples de esperar pelas coisas que lhe dão alegria.

A vida pode ser cheia de imaginação vã: o cônjuge perfeito, o filho perfeito, a vida fácil. Essas coisas são fúteis e não devem ser confundidas com a esperança como idéia religiosa. Não é perfeição, e sim paz de espírito que buscamos; não a felicidade perpétua, mas o contentamento básico; não uma vida de excitação constante, mas de satisfação garantida.

Não despreze a riqueza dos chamados "momentos comuns" na busca da felicidade em alguma praia distante. Ponha os remos na água *deste* dia, em busca *desta* hora, e pergunte-se o que eles significam e para quem são importantes. Do outro lado da mesa está sentado alguém à espera de uma palavra de incentivo, um sorriso, um bom motivo para se levantar de manhã ou dar as boas-vindas à noite. Ao primeiro sinal de dificuldade, não podemos correr para longe uns dos outros – é preciso tempo para construir a vida. É preciso paciência. É preciso uma espécie de esperança espiritual.

Agarre-se firmemente às lembranças preciosas e projete-as no futuro, saboreando a próxima vez que você desfrutar de novo esses momentos: uma criança aconchegada no colo, a lealdade de um animal de estimação, a ternura de um beijo, o aroma de uma refeição preparada em casa, a cama de um amante, a confiança das crianças, a satisfação do trabalho bem-feito e um lugar para chamar de lar, a confidência de um colega de trabalho, a carta inesperada de um amigo, um sorvete no meio de uma longa caminhada, a neblina da manhã, o telefonema de alguém que você admira, o som de um riozinho que desce da serra, a gargalhada espontânea de crianças brincando, o movimento rítmico de uma cadeira de balanço e o som calmante de uma canção de ninar, leite com biscoitos, um pacote que chega pelo correio, um presente-surpresa, flores frescas na mesa da sala, o aceno silencioso de um marcador de livros, o perfume de uma barra nova de sabão, a maciez de uma camisa recém-passada e de um par de sapatos confortáveis.

A vida de prazeres simples é um estado de espírito tanto quanto um estado de ser. É um encontro entre alma e sensação, à disposição de todos sem contudo estar garantido a ninguém. Mas uma coisa é certa: a vida é assombrosa quando a gente presta atenção. Há ódio e crueldade, lógico, mas também há beleza e verdade – células que se diferenciam, luas que nascem e água que sobe do mar para cair como chuva e depois corre para o mar outra vez.

Os dias que nos foram dados são poucos e passam velozes como nuvens baixas trazidas por uma tempestade. Os momentos que temos são breves, lembram cachorrinhos que não cabem direito numa caixa de papelão: atropelam-se uns aos outros, aos gritos, e pronto, acabou. A manhã clara da inocência dá lugar ao trabalho duro do meio-dia, depois à reflexão e à melancolia do crepúsculo, mais tarde às sombras cada vez maiores da noite e finalmente ao longo sono do qual não acordamos.

O reino do céu está dentro de nós, em nossa volta, mas só conseguimos vê-lo com os olhos do coração. Quando o penetramos por um único instante, um único instante luminoso, encontramos uma definição plena da eternidade.

Nesse meio tempo (que W.H. Auden nos lembra ser o único que temos), experimente doze coisas: recupere a arte esquecida da *conversação*, pois sem ela a vida é um mal-entendido silencioso. Vá a concertos e ouça *música* ao vivo, pois sem ritmo a vida é pouco mais que respirar. Nunca deixe de devorar *livros*, pois eles são o banquete da imaginação. E aqueles que têm filhos devem lembrar-se de que *criá-los* é uma espécie de religião doméstica cujo culto dura vinte e quatro horas por dia, e os deuses pequenos sempre observam tudo.

Mostre bondade com os amigos *de quatro pernas* e com todas as criaturas da Terra, como se sua humanidade dependesse disso, pois depende. Pense seriamente em escrever uma carta ou em dar um presente que mostre que você pensou na pessoa, pois não há nada melhor que a *consideração*. Lembre-se de que *carpe diem* é mais que um *slogan* de camiseta: é uma condição que *vive o momento*. Beije sua esposa na cozinha e devolva o *romance* ao templo do lar.

Jogue no lixo toda religião arrogante que torne você mais mesquinho e substitua-a por outra que o torne mais *misericordioso*. Lembre-se de que *liberdade* nada tem a ver com impunidade, mas tudo a ver com as obrigações que você assume em favor dos outros. Saia da pista do *drive-through* e entre no livro de receitas ou na caixa de ferramentas porque *cozinhar* e *construir* faz bem a você. E, por fim, seja paciente enquanto o mundo desfila à sua frente. A *expectativa* dá conta do curto prazo, e a *esperança,* de tudo o mais.

**Impressão e Acabamento**
Com fotolitos fornecidos pelo Editor

EDITORA e GRÁFICA
VIDA & CONSCIÊNCIA

R. Agostinho Gomes, 2312 • Ipiranga • SP
Fonefax: (11) 6161-2739 / 6161-2670
e-mail: grafica@vidaeconsciencia.com.br
site: www.vidaeconsciencia.com.br